ART DÉCO

FRANZISKA BOLZ

ART DÉCO

ÉDITIONS
PLACE DES
VICTOIRES

KÖNEMANN

p. 2
LALIQUE
Comet car mascot
Bouchon de radiateur *Comète*
Kühlerfigur *Komet*
Adorno de capó *Cometa*
Bouchon de radiateur *Cometa*
Motorkapornament *Komeet*
c. 1925, Clear and frosted glass, chromed brass/Verre clair et dépoli, laiton chromé, 19 cm

KÖNEMANN
© 2016 koenemann.com GmbH

www.koenemann.com

© Éditions Place des Victoires
6, rue du Mail – 75002 Paris
www.victoires.com
ISBN : 978-2-8099-1688-1
Dépôt légal : 2ᵉ trimestre 2019

Concept, Project Management: koenemann.com GmbH

Text: Franziska Bolz

Editing: Uta Hasekamp

Translation into English: David Nash

Translations into French, Spanish, Italian, Dutch:
TEXTCASE
info@textcase.nl
textcase.de   textcase.eu

Layout: Oliver Hessmann

Picture credits: Bridgeman Images

ISBN: 978-3-7419-2413-2

Printed in China by Shenzen Hua Xin Colour-printing & Platemaking Co., Ltd

Contents Sommaire Inhalt Índice Indice Inhoud

6 New art for modern times
Un art nouveau pour des temps modernes
Neue Kunst für moderne Zeiten
Un nuevo arte para una nueva época
Nuova arte per tempi moderni
Nieuwe kunst voor moderne tijden

20 Jewelry
Bijoux
Schmuck
Joyería
Gioielli
Sieraden

40 Graphic art
Graphismes
Grafiken
Gráficos
Opere grafiche
Grafiek

36 Women in Art Deco
La Femme dans l'Art déco
Die Frau im Art déco
La mujer en el Art déco
La donna nell'Art déco
De vrouw in de art deco

86 Geometry as a motif in Art Deco
La Géométrie en tant que motif de l'Art déco
Geometrie als Motiv des Art déco
La geometría como tema del Art déco
La geometria come motivo dell'Art déco
Geometrische motieven in de art deco

108 Sculpture
Sculptures
Skulpturen
Esculturas
Sculture
Beeldhouwkunst

128 Furnishings
Le Mobilier
Einrichtungsgegenstände
Elementes de decoración
Oggetti di arredamento
Interieurs

96 The modern woman as a commercial motif
La Femme moderne comme motif publicitaire
Die moderne Frau als Werbemotiv
La mujer moderna como tema en la publicidad
La donna moderna come motivo pubblicitario
De moderne vrouw als reclameobject

188 Art Deco on the world's oceans
L'Art déco sur les océans
Art déco auf den Weltmeeren
El Art déco por los mares del mundo
L'Art déco sugli oceani
Art deco op de wereldzeeën

204 Furniture
Meubles
Möbel
Muebles
Mobili
Meubels

252 Architecture
Architecture
Architektur
Arquitectura
Architettura
Architectuur

270 Transportation
Les moyens de transport
Transportmittel
Los medios de transporte
I mezzi di trasporto
Vervoermiddel

196 World Expositions
Expositions internationales
Weltausstellungen
Exposiciones universales
Esposizioni mondiali
Wereldtentoonstellingen

264 Art Deco in America
L'Art Déco en Amérique
Art déco in Amerika
El art déco en América
L'Art déco in America
Art deco in Amerika

280 *Bibliography*
Bibliographie
Bibliografía
Bibliografia
Bibliografie

New art for modern times

Un art nouveau pour des temps modernes

Neue Kunst für moderne Zeiten

Un nuevo arte para una nueva época

Nuova arte per tempi moderni

Nieuwe kunst voor moderne tijden

DELION

Staircase balustrade
Balustrade
Treppengeländer
Barandilla de escalera
Balaustra delle scale
Trapleuning

1920–30, Bronze, wrought iron/Bronze, fer forgé, 69 × 305 cm

George Barbier (1882–1932)
Incantation, pianist and woman dressed in evening gowns (Illustration from *Falbalas et Fanfreluches*)
Incantation (Almanach de la mode *Falbalas et Fanfreluches*)
Beschwörung (aus dem Modealmanach *Falbalas et Fanfreluches*)
Encantación (del almanaque de moda *Falbalas et Fanfreluches*)
Incantesimo, pianista e donna vestita con abito da sera (illustrazione da *Falbalas et Fanfreluches*)
Bezwering (uit de modealmanak *Falbalas et Fanfreluches*)
1922

New art for modern times

Art Deco, French for "decorative art", was the most important form of artistic expression between the First and Second World Wars. In 1925, the International Exhibition of Modern Decorative and Industrial Arts took place in the heart of Paris. In the catalog of the show, it was aptly remarked that one could not subsume what was exhibited under one concept. In the following years, the architecture and the design of the inter-war period was characterized by such diverse terms as Streamline Moderne, modern style, modern art, jazz modernism or even 'zigzag art nouveau'. The term *Art Deco* emerged only in 1966 during a show at the Musée des Arts Décoratifs (Museum of Decorative Arts) in Paris and became widely used following the publication of art historian Bevis Hillier's *Art Deco of the 20s and 30s* (1968), and an exhibition curated by Hillier at the Minneapolis Institute of Arts in 1971. During the 1920s and 1930s, the various styles of contemporary design and art might not necessarily

Un art nouveau pour des temps modernes

Art déco est l'abréviation française d'« Arts décoratifs ». Ce courant est la forme d'expression artistique la plus importante entre la Première et la Deuxième Guerre mondiale. Ce nom, qui lui fut donné a posteriori, fait référence à une exposition d'arts décoratifs : l'Exposition internationale des arts décoratifs et industriels modernes qui se tint au cœur de Paris en 1925. Le catalogue de l'exposition faisait remarquer que les œuvres présentées n'étaient pas encore rassemblées sous un terme commun. Les années qui suivirent, l'architecture et le design de l'entre-deux-guerres continuèrent à être désignés sous diverses appellations comme Mouvement Moderne, Modern Style ou encore Art moderne, Jazz Moderne et même Jugendstil zigzag. L'appellation « Art Déco » n'apparut qu'en 1966, lors d'une exposition au Musée des Arts Décoratifs à Paris ; le terme Art déco fut repris partout après la publication d'un ouvrage de l'historien d'art Bevis Hillier, *Art déco des années 20 et 30* (1968), et de l'exposition du même

Neue Kunst für moderne Zeiten

Art déco, französisch für „dekorative Kunst", ist die wichtigste Form künstlerischen Ausdrucks zwischen dem Ersten und dem Zweiten Weltkrieg. Namensgebend war im Nachhinein eine Kunstgewerbeausstellung: 1925 fand die Exposition internationale des arts décoratifs et industriels modernes im Herzen von Paris statt. Im Katalog der Schau wurde treffend bemerkt, dass man das Gezeigte noch nicht unter einem Begriff subsumieren könne. Auch in den folgenden Jahren bezeichnete man die Architektur und das Design der Zwischenkriegszeit mit so unterschiedlichen Begriffen wie Stromlinien-Moderne, Modern Style oder Art Moderne, Jazz Moderne oder sogar Zickzackjugendstil. Die Bezeichnung *Art déco* tauchte erst 1966 in einer Schau des Musée des Arts Décoratifs in Paris auf; allgemein verwendet wurde Art déco in Folge der Publikation des Kunsthistorikers Bevis Hillier *Art deco of the 20s and 30s* (1968) und einer von Hillier kuratierten Ausstellung

HOUSE OF WORTH

Sophonisba, draft for a costume in Art Deco style for Julia Bartet (from *Gazette du Bon Ton*)

Sophonisbe, croquis pour un costume de style Art déco pour Julia Bartet (magazine de mode *Gazette du Bon Ton*)

Sophonisba, Entwurf für ein Kostüm im Stil des Art déco für Julia Bartet (aus dem Modemagazin *Gazette du Bon Ton*)

Sophonisba, Boceto para un vestido en estilo Art déco para Julia Bartet (de la revista de moda *Gazette du Bon Ton*)

Sofonisba, schizzo per un costume in stile Art déco per Julia Bartet (dalla rivista di moda *Gazette du Bon Ton*)

Sofonisba, kostuumontwerp in art-decostijl voor Julia Bartet (uit het modetijdschrift *Gazette du Bon Ton*)

1914

Un nuevo arte para una nueva época

El Art déco (del francés "arte decorativo") es el movimiento artístico más importante del período de entreguerras. El nombre le vino dado de forma retroactiva por una exposición universal: en 1925 se celebró la Exposition internationale des arts décoratifs et industriels modernes en el corazón de París. En el catálogo de la misma se afirmaba con certeza que no existía todavía un término para aglutinar todo lo que allí se mostraba. Incluso en los años posteriores la arquitectura y diseño del período de entreguerras se conocían con multitud de términos tales, como estilo aerodinámico, Modern Style o Art Moderne, Jazz Moderne o modernisno zig-zag. La denominación *Art Déco* aparece por primera vez en 1966 en una exposición del Musée des Arts Décoratifs de París; el término pasó a usarse de manera general a partir de la publicación del historiador del arte Bevis Hillier *Art deco of the 20s and 30s* (1968) y la exposición comisariada por él mismo en el Minneapolis Institute

Nuova arte per tempi moderni

L'Art déco, termine francese per "arte decorativa", è la forma di espressione artistica più importante tra la Prima e la Seconda guerra mondiale. In seguito dette il nome ad una mostra d'arte applicata: nel 1925 si svolse la Exposition internationale des arts décoratifs et industriels modernes nel cuore di Parigi. Nel catalogo della mostra fu giustamente osservato che gli oggetti esposti non potevano essere ancora ricondotti ad un unico concetto. Anche negli anni seguenti l'architettura e il design dell'epoca tra le due guerre si definirono con concetti tanto diversi come streamline moderno, modern style o Art Moderne, Jazz Moderne o persino Jugendstil a zigzag. La denominazione *Art déco* comparve solo nel 1966 in una mostra del Musée des Arts Décoratifs di Parigi; in generale Art déco fu utilizzato in seguito alla pubblicazione di *Art deco of the 20s and 30s* (1968) dello storico dell'arte Bevis Hillier e di una mostra curata da Hillier al Minneapolis Institute of Arts (1971). Negli anni Venti e Trenta le

Nieuwe kunst voor moderne tijden

De art deco, afgeleid van het Franse arts décoratifs oftewel 'decoratieve kunsten', is de belangrijkste artistieke stroming van het Interbellum, de periode tussen de Eerste en Tweede Wereldoorlog. De benaming ontstond op de in 1925 gehouden expositie voor toegepaste kunsten, de Exposition internationale des arts décoratifs et industriels modernes, in het hartje van Parijs. In de catalogus van de expositie werd treffend opgemerkt dat de getoonde kunst nog niet onder één noemer kon worden samengevat. Ook in de jaren erna werden de architectuur en het design van het Interbellum met diverse termen aangeduid, zoals 'Streamline Design', 'style moderne', 'Art Moderne', 'Jazz Moderne' of zelfs 'zigzag-Jugendstil'. De eigenlijke term 'art deco' dook pas in 1966 op, tijdens een expositie van het Musée des Arts Décoratifs in Parijs; na publicatie van het boek Art deco of the 20s and 30s (1968,) van kunsthistoricus Bevis Hillier, en een door hem samengestelde expositie in het Minneapolis

9

Statuette of a "Moor" with fruit basket
Statuette d'un « Maure » avec corbeille de fruits
Statuette eines „Mohren" mit Früchtekorb
Estatuilla de una "mora" con cesta de frutas
Statuetta di un "moro" con cesto di frutta
Beeldje van een "moor" met fruitschaal
1925–30, Glass/Verre

have been categorized into one style, but with hindsight some common tendencies and ideas may be seen.

Art Deco is primarily dated to the years between the two world wars (1918–1939), but its essential elements, however, have not lost popularity since this time. The cradle of Art Deco is Vienna, with Paris as its center. In many countries across the world, such as in South Africa, India, Japan, China, Australia and New Zealand, artists and artisans, along with a mostly urban and progressive public, were enthusiastic about the ideas of Art Deco, and it was particularly appreciated in America.

The political events and technical developments of the nineteenth and twentieth centuries had led to ever increasing changes in life, and even the First World War and the global economic crisis of 1929 did not dent the belief in ever changing progress. In the 1920s and 1930s many innovative approaches were tried, until

nom qu'il organisa au Minneapolis Institute of Arts (1971). Dans les années 1920 et 1930, n'y avait pas encore de lien évident entre les différents styles de design contemporain et l'art, pourtant, rétrospectivement, ils présentaient d'évidence certaines tendances et idées communes.

La période Art déco couvre essentiellement les années entre les deux guerres mondiales (1918–1939) ; mais comme nous allons le voir, ses éléments ne perdront rien de leur popularité par la suite. Vienne est le berceau de l'Art déco, Paris en est le centre. Dans de nombreux pays comme l'Afrique du Sud, l'Inde, le Japon, la Chine, l'Australie et la Nouvelle-Zélande, des artistes, des artisans et le public (essentiellement urbain et progressiste) s'enthousiasmèrent pour les idées inspirées par l'Art déco. Ce style était particulièrement apprécié en Amérique.

En raison des événements politiques et des développements technologiques des XIXe et

im Minneapolis Institute of Arts (1971). In den 1920er- und 1930er-Jahren hätte man die verschiedenen Stilrichtungen des zeitgenössischen Designs und der Kunst vielleicht nicht unbedingt zusammengefasst, doch stellte man in der Rückschau einige gemeinsame Tendenzen und Ideen fest.

Man datiert den Art déco vor allem auf die Jahre zwischen den beiden Weltkriegen (1918–1939); doch, wie zu sehen sein wird, verloren seine Elemente auch danach nicht an Popularität. Als Wiege des Art déco gilt Wien, Paris als sein Zentrum. In vielen Ländern der Erde nahmen Künstler, Handwerker und das – meist städtische und fortschrittliche – Publikum die Ideen des Art déco begeistert auf, wie etwa in Südafrika, Indien, Japan, China, Australien oder Neuseeland. Besonders geschätzt wurde der Art déco in Amerika.

Durch die politischen Ereignisse und die technischen Entwicklungen des 19. und

ROBJ PARIS

Statuettes depicting jazz musicians
Statuettes-musiciens de jazz
Jazzmusiker-Statuetten
Estatuillas de músicos de jazz
Statuette di musicisti jazz
Beeldjes van jazzmuzikanten

c. 1930, Ceramic/Céramique

of Arts (1971). Durante los años 20 y 30 no se habrían considerado las diferentes tendencias estilísticas del diseño y el arte parte del mismo todo, pero con algo de retrospectiva se establecieron algunas tendencias e ideas generales.

Se considera el período del Art déco sobre todo en los años entre las dos guerras mundiales (1918–1939); sin embargo, como se verá, sus elementos no perdieron popularidad en años posteriores. Viena constituye la cuna del Art déco, y París su centro. Las ideas del Art déco fueron adoptadas con entusiasmo por artistas, artesanos y público -en su mayoría urbano y avanzado- en multitud de países del mundo, como por ejemplo Sudáfrica, India, Japón, China o Nueva Zelanda. En América se apreció especialmente el Art déco.

Los eventos políticos y avances técnicos del XIX y XX cambiaron la vida cada vez de forma más acusada, y sin embargo ni siquiera la Primera Guerra Mundial y la crisis económica global (1929) consiguieron frenar

diverse correnti stilistiche del design contemporaneo e dell'arte non erano state necessariamente riunite in un unico concetto, eppure in retrospettiva si possono riscontrare alcune tendenze e idee comuni.

Si suole datare l'Art déco soprattutto negli anni tra le due guerre mondiali (1918–1939); ma, come si vedrà, anche in seguito i suoi elementi non perdono di popolarità. Vienna è considerata la culla dell'Art déco, e Parigi il suo centro. In molti paesi del mondo artisti, artigiani e il pubblico (soprattutto le persone che vivevano in città e le più evolute) accolsero con entusiasmo le idee dell'Art déco, come ad esempio in Sudafrica, India, Giappone, Cina, Australia o Nuova Zelanda. In America l'Art déco fu particolarmente apprezzata.

A causa degli avvenimenti politici e gli sviluppi tecnici del XIX e XX secolo, la vita era cambiata sempre più, eppure la fede in una sorta di progresso non rallentò neanche durante la Prima guerra

Institute of Arts (1971) raakte het begrip definitief in zwang. Hoewel men de verschillende stijlen van de kunst en het design van deze periode in de jaren twintig en dertig niet onder één noemer samenvatte, kunnen achteraf duidelijke gemeenschappelijke tendensen en concepten worden vastgesteld.

De art deco wordt vooral in het Interbellum geplaatst, de tijd tussen de beide Wereldoorlogen (1919–1939), maar zoals we zullen zien, bleven art-deco-elementen ook daarna populair. Wenen wordt als geboorteplaats van de stijl gezien, Parijs als het centrum ervan. Overal ter wereld verwelkomden kunstenaars, ambachtslieden en een – grotendeels stedelijk en vooruitstrevend – publiek de ideeën van de art deco, van Zuid-Afrika, India en Australië tot Japan en China. Ook in de VS was de art deco zeer populair.

Door de politieke en technologische ontwikkelingen van de negentiende en twintigste eeuw was het leven sterk veranderd, maar zelfs de Eerste Wereldoorlog

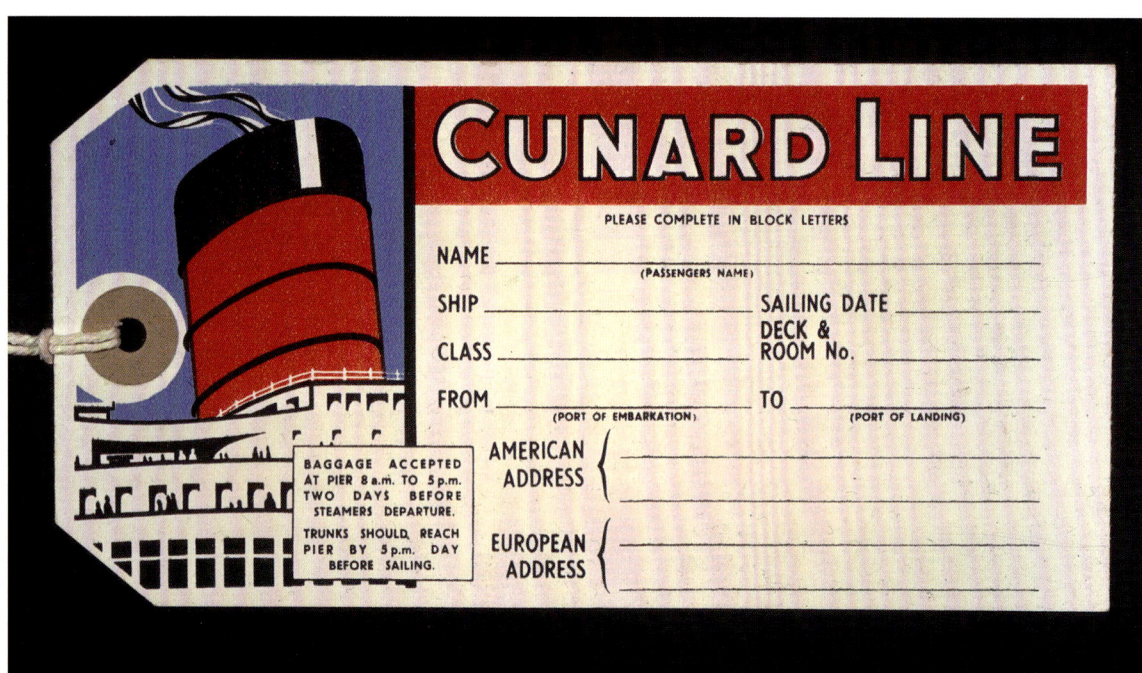

Luggage ticket for
the Cunard Line

Étiquettes de bagages
de la Cunard Line

Gepäckanhänger
der Cunard Line

Etiqueta de equipaje
del Cunard Line

Etichetta bagaglio
della Cunard Line

Bagagelabel van de
Cunard Line

Litho/Lithographie

the National Socialists and Fascists made life difficult, or even impossible, for many modern artists. The difficulties of the war and post-war period, which were to end in the total catastrophe of fascism, also opened up undreamt-of freedoms. Machines now took over more and more work: handcrafted articles disappeared and factories appeared. Machines were now used in areas where previously manual work had dominated, such as furniture construction. The automobile became extremely popular. Communications media such as the telephone and radio were accessible to broad sections of society. The sound film, or "talkie", also appeared and Hollywood reached its undisputed position of supremacy during this time. The developments from this time will accompany us in both private and public spheres for a long time.

One can recognize in Art Deco languages from other styles of the visual arts: the geometry of Cubism, the strong colors of Fauvism and the technical forms of Constructivism and Futurism. Art Deco's

xxᵉ siècles, la vie se modifia rapidement ; pourtant, même pendant la Première Guerre mondiale et la grande dépression (à partir de 1929) la confiance dans le progrès ne faiblit pas. Pendant les années 1920 et 1930, de nombreuses choses purent être expérimentées avant que les nazis et les fascistes ne rendent la vie de nombreux artistes modernes difficile, voire impossible. Les difficultés de la guerre et de l'après-guerre – qui mirent enfin un terme au désastre total du fascisme – ouvrirent également d'incroyables espaces de liberté créative. Les machines se chargèrent de plus en plus de tâches : les manufactures disparurent, les fabriques apparurent. Les machines furent désormais utilisées dans des domaines où le travail manuel prévalait auparavant, comme dans l'ameublement. L'automobile devint très populaire. Les supports de communication comme le téléphone et la radio devinrent accessibles à de larges couches de la population. Le film sonore fit aussi son apparition ; Hollywood atteignit alors son

20. Jahrhunderts hat sich das Leben immer mehr verändert, doch wurde auch durch den Ersten Weltkrieg und die Weltwirtschaftskrise (ab 1929) der Glaube an einen wie auch immer gearteten Fortschritt nicht gebremst. In den 1920er- und 1930er-Jahren konnte vieles erprobt werden, bevor die Nationalsozialisten und Faschisten vielen modernen Künstlern das Leben schwer oder unmöglich machten. Die Schwierigkeiten der Kriegs- und Nachkriegszeit, die schließlich in der totalen Katastrophe des Faschismus enden sollten, eröffneten auch ungeahnte Freiräume. Maschinen übernahmen nun immer mehr Arbeit: Manufakturen verschwanden, Fabriken entstanden. Maschinen wurden nun in Bereichen eingesetzt, in denen bisher Handarbeit vorgeherrscht hatte, wie etwa im Möbelbau. Das Automobil wurde ungemein populär. Kommunikationsmedien wie Telefon und Radio wurden breiten Bevölkerungsschichten zugänglich. Auch der Tonfilm feierte Premiere; Hollywood erreichte in dieser

Serge Gladky (1880–1930)
Abstract design from *Nouvelles compositions décoratives*
Design abstrait *(Nouvelles compositions décoratives)*
Abstraktes Design (aus *Nouvelles compositions décoratives*)
Diseño abstracto (de *Nouvelles compositions décoratives*)
Disegno astratto (da *Nouvelles compositions décoratives*)
Abstract design (uit *Nouvelles compositions décoratives*)
c. 1928, Color litho/Lithographie en couleur

la fe en el progreso, sin importar la forma que este tomara. En los años 20 y 30 se vivió un ambiente de experimentación, antes de que los fascistas y nacionalsocialistas entorpecieran la vida de muchos artistas o la hicieran directamente imposible. Las dificultades del período de guerra y postguerra, que culminarían en la absoluta catástrofe del fascismo, abrieron también espacios inesperados. Las máquinas realizaban cada vez más trabajos: desaparecían manufacturas y aparecían fábricas. Se utilizaban máquinas en áreas hasta ahora reservadas al trabajo manual, como por ejemplo la fabricación de muebles. El automóvil se popularizó de manera increíble. Medios de comunicación como el teléfono y la radio se hicieron accesibles a grandes espectros de la población. También el cine sonoro hizo su aparición; Hollywood consiguió en esta época su indiscutible hegemonía. Los avances de esta época nos acompañarán todavía mucho tiempo, tanto en la esfera pública como en la privada.

mondiale e la crisi economica globale del 1929. Negli anni Venti e Trenta fu possibile sperimentare molto, prima che i nazionalsocialisti e i fascisti rendessero la vita difficile o impossibile per molti artisti moderni. Le difficoltà del periodo bellico e post-bellico, che alla fine dovevano concludersi con la catastrofe totale del fascismo, aprirono anche inaspettati spazi di libertà. I macchinari ora facevano sempre più il lavoro degli uomini: le manifatture scomparivano e al loro posto nascevano le fabbriche. Le macchine erano ora utilizzate nei settori in cui fino a quel momento predominava il lavoro manuale, ad esempio nella costruzione dei mobili. L'automobile divenne enormemente popolare. I mezzi di comunicazione come telefono e radio divennero accessibili a larghi strati della popolazione. Anche il cinema sonoro ebbe la sua prima volta; Hollywood raggiunse in questo periodo la sua indiscussa posizione di supremazia. Gli sviluppi di quest'epoca ci accompagneranno ancora a lungo nella nostra vita privata e pubblica.

en de wereldwijde Depressie (sinds 1929) konden het vooruitgangsgeloof niet afremmen. De jaren twintig en dertig van de vorige eeuw waren een tijd van vernieuwing, totdat nazi's en andere fascisten het leven van moderne kunstenaars onmogelijk maakten. De oorlog en de turbulente naoorlogse tijd, die zou uitmonden in de ramp van het fascisme, openden ook ongekende mogelijkheden. Machines namen de mens steeds meer werk uit handen: werkplaatsen maakten plaats voor fabrieken. Machines werden vooral in sectoren ingezet die voorheen door handwerk werden gekenmerkt, zoals de meubelmakerij. De auto werd ongekend populair. Nieuwe communicatiemiddelen, zoals de telefoon en de radio, kwamen voor brede lagen van de bevolking beschikbaar. Ook de geluidsfilm maakte haar entree: Hollywood kreeg in deze tijd de onbetwiste leiding over de sector. De ontwikkelingen in deze periode zouden in lange tijd doorwerken.

In de art deco herkennen we andere stijltalen uit de beeldende kunst: de geometrie van het kubisme,

artistic predecessors included Art Nouveau in central Europe, the British Arts and Crafts Movement, and De Stijl in the Netherlands, with the many areas of Art Deco complementing each other to form a kind of *Gesamtkunstwerk*. Wallpapers and carpets, graphics and illustrations were all given increased attention, with classical painting playing only a secondary role. It was, above all, what would today be called design, with new professions such as that of the designer emerging.

Art Deco was a worldwide phenomenon, however, aspects of the regional were also included in this, such as motifs from Native Americans or ancient Egypt. In 1922, the British archaeologist Howard Carter found the tomb of the Egyptian pharaoh Tutankhamun in the Valley of the Kings, and in 1924 the bust of Nefertiti was exhibited on the Museum Island in Berlin. These events fuelled a new fashion for ancient Egyptian motifs. In addition, the European colonies supplied numerous goods to serve a demand for exotic

indiscutable supériorité. Les développements de cette période nous accompagneront encore longtemps dans la sphère privée et publique.

L'Art déco utilise emprunte certains éléments de langage à d'autres courants artistiques : la géométrie du cubisme, les couleurs fortes du fauvisme et les formes techniques du constructivisme et du futurisme. Mais parmi les précurseurs artistiques de l'art déco, on compte aussi le Jugendstil et l'Art nouveau en Europe centrale, le mouvement anglais Arts-and-Crafts, ainsi que le courant néerlandais De Stijl, auxquels s'ajoutent les nombreux champs d'activité de l'Art déco pour devenir une sorte d'œuvre d'art totale. On fit de plus en plus attention aux papiers peints et tapis, aux graphismes et aux illustrations. La peinture classique ne joua plus qu'un rôle mineur, il était surtout question de ce que l'on appelle aujourd'hui le design. De nouvelles professions virent le jour, comme celle des designers.

Zeit seine unbestrittene Vormachtstellung. Die Entwicklungen dieser Zeit werden uns im privaten und öffentlichen Leben noch lange begleiten.

Man erkennt im Art déco Sprachen anderer Stile der bildenden Kunst: die Geometrie des Kubismus, die starken Farben des Fauvismus und die technischen Formen des Konstruktivismus und Futurismus. Zu den gestalterischen Vorläufern des Art déco zählten aber auch Jugendstil und Art nouveau in Mitteleuropa, die britische Arts-and-Crafts-Bewegung sowie das niederländische De Stijl – entsprechend ergänzen sich die zahlreichen Betätigungsfelder des Art déco zu einer Art Gesamtkunstwerk. Tapeten und Teppichen, Grafiken und Illustrationen wurde vermehrt Aufmerksamkeit geschenkt. Die klassische Malerei spielte nur eine Nebenrolle, es ging vor allem um das, was heute Design genannt wird. Dabei entstanden neue Berufe wie der des Designers.

Ready For A Night Out
Prêt à sortir
Ausgehfertig
Lista para salir
Pronta per uscire
Klaar om uit te gaan

Kasho Takabatake (1888–1966)
Nationalistic depiction of a young woman dancing
Représentation nationaliste d'une jeune femme en train de danser
Nationalistische Darstellung einer tanzenden jungen Frau
Representación nacionalista de una joven bailando
Immagine nazionalistica di una giovane donna che balla
Nationalistisch schilderij van dansende jonge vrouw

En el Art déco podemos observar aspectos de otros estilos de las artes plásticas: la geometría del cubismo, los colores vibrantes del fauvismo y las formas técnicas del cosntructivismo y el futurismo. Entre los precursores del Art déco se cuentan también el Art noveau en la Europa Central, el movimiento de las Arts & Crafts en el Reino Unido, o el De Stijl holandés –consecuentemente las diferentes disciplinas del Art déco se conjugan en una especie de obra de arte total–. La atención hacia objetos como tapices, alfombras, gráficos o ilustraciones se multiplicó. La pintura clásica ocupaba un rol secundario, el papel principal lo jugaba lo que hoy llamaríamos diseño, y aparecieron consecuentemente nuevos oficios como el de diseñador.

El Art déco es un fenómeno mundial, pero también sus aspectos regionales se expandieron globalmente, como motivos de los nativos americanos o del antiguo Egipto. En 1922 el arqueólogo Howard Carter descubrió la tumba del Faraón Tutanchamun

Nell'Art déco si riconoscono linguaggi di altri stili dell'arte figurativa: la geometria del cubismo, i colori forti del fauvismo e le forme tecniche del costruttivismo e del futurismo. Tra i precursori creativi dell'Art déco si annoverano anche lo Jugendstil e l'Art nouveau nella Mitteleuropa, il movimento britannico Arts & Crafts e il De Stijl olandese, ai quali si aggiungono i numerosi campi di attività dell'Art déco in un genere di opera d'arte totale. Viene posta l'attenzione su tappezzerie e tappeti, opere grafiche e illustrazioni. La pittura classica giocava solo un ruolo secondario, si trattava soprattutto di ciò che oggi viene chiamato design. Di conseguenza nacquero nuove professioni come quella del designer.

L'Art déco è un fenomeno di portata mondiale. Si diffusero in tutto il mondo anche le regionalità, come i motivi dei nativi americani o dell'antico Egitto. Nel 1922 il britannico Howard Carter scoprì la tomba del faraone egiziano Tutankhamon nella Valle dei Re, e

de felle kleuren van het fauvisme en de technische motieven van constructivisme en futurisme. Maar tot de artistieke voorlopers van de art deco behoren in Midden-Europa ook de Jugendstil en de art nouveau, in Groot-Brittannië de Arts & Crafts-beweging en in Nederland de groep De Stijl; de talloze artistieke vlakken waarop de art deco zich deed gelden, vulden elkaar als in een soort Gesamtkunstwerk aan. Veel aandacht werd besteed aan behang, tapijt, grafiek en illustraties. De klassieke schilderkunst speelde een bijrol, want het ging vooral om wat we nu design noemen. Daarbij ontstond ook het nieuwe beroep van de ontwerper.

De art deco was een internationaal fenomeen. Maar in die wereldwijde verspreiding waren ook regionale motieven opgenomen, zoals van de Amerikaanse indianen of het oude Egypte. In 1922 ontdekte de Brit Howard Carter in de Vallei der Koningen het graf van de Egyptische farao Toetanchamon, en in 1924

woods, skins and ivory. The indigenous elements were, however, simplified and geometrized, with the meaning of ornaments, decoration, or symbols being regarded as unimportant. The ornamentation itself was considered folksy, backward and primitive. A certain abstraction was asked for, the forms being solid, simple and elegant, with no limits being attached to the combination of content and meaning. That was progress! In later Art Deco, speed and streamlined forms served as guiding principles. In addition to vehicles and machines, many things were streamlined which had little or nothing to do with speedy transportation, such as radios and refrigerators, underwear and restaurants.

In the 1960s and 1970s, Art Deco celebrated a revival as an aesthetic contrast to the rigid modernism and postmodernism. Pop Art quoted from it cheerfully, and for the contemporary action and sci-fi films one had to borrow something Art Deco: technical ornamentation signified progress. Even today, many houses are home to a classic of Art Deco: the octagonal "Moka Express" espresso pot, developed by Luigi De Ponti for Alfonso Bialetti in Italy in 1933. Not only its

L'Art déco est un phénomène mondial. Même des éléments régionaux comme les motifs des Américains natifs ou de l'ancienne Égypte furent exportés dans le monde entier. En 1922, le Britannique Howard Carter découvrit la tombe du pharaon égyptien Toutankhamon dans la vallée des Rois, et en 1924, le buste de Nefertiti fut exposé à l'île aux Musées de Berlin. Ces événements mirent l'Égypte à la mode. Les colonies européennes fournirent quant à elles de nombreux matériaux pour servir l'intérêt pour les bois exotiques, les fourrures et l'ivoire. Les éléments indigènes furent toutefois simplifiés et géométrisés. La signification des ornements, décorations ou symboles n'avait pas d'importance. L'ornement en tant que tel était considéré comme populaire, rétrograde, primitif. L'objectif était une certaine abstraction – les formes devaient être solides, simples et élégantes, voilà ce qui était considéré comme un progrès! –, et contenus et significations n'imposaient aucune limite à cette combinaison. La vitesse et la simplification furent caractéristiques de l'Art déco tardif. En plus des véhicules et machines, il y eut de nombreuses simplifications qui n'avaient que peu, voire rien à voir avec une accélération du mouvement,

Art déco ist ein weltweites Phänomen. Weltweit verbreitet wurde aber auch Regionales, wie Motive der Native Americans oder aus dem alten Ägypten. 1922 fand der Brite Howard Carter das Grab des ägyptischen Pharaos Tutenchamun im Tal der Könige, und 1924 wurde die Büste der Nofretete auf der Museumsinsel in Berlin ausgestellt. Diese Ereignisse befeuerten eine neue Ägyptenmode. Zudem lieferten die europäischen Kolonien zahlreiche Materialien, um ein Interesse für exotische Hölzer, Felle und Elfenbein zu bedienen. Doch wurden die indigenen Elemente vereinfacht und geometrisiert. Was Ornamente, Dekore oder Symbole bedeuteten, wurde als unwichtig empfunden. Das bloße Ornament galt als volkstümlich, rückständig, primitiv. Eine gewisse Abstraktion war gefragt – massiv, simpel und elegant sollten die Formen sein, das galt als Fortschritt! –, und Inhalte und Bedeutungen setzten dem Kombinieren keine Grenzen. Im späteren Art déco dienten Geschwindigkeit und Stromlinienförmigkeit als Leitbilder. Neben Fahrzeugen und Maschinen wurden viele Dinge stromlinienförmig gestaltet, die wenig bis gar nichts mit schneller Fortbewegung zu tun haben,

Party aboard the ocean liner *Normandie*
Soirée sur le paquebot *Normandie*
Party auf dem Ozeandampfer *Normandie*
Fiesta en el transoceánico *Normandie*
Festa sul transatlantico *Normandie*
Party op de oceaanstomer *Normandie*
1932

Poster for the International Exhibition for Modern Decorative and Industrial Arts in Paris
Affiche de l'Exposition internationale des Arts décoratifs et industriels modernes
Plakat der Exposition internationale des arts décoratifs et industriels modernes, Paris
Cartel de la Exposition internationale des arts décoratifs et industriels modernes, París
Manifesto della Exposition internationale des arts décoratifs et industriels modernes di Parigi
Affiche voor de Exposition internationale des arts décoratifs et industriels modernes, Parijs
1925

en el Valle de los Reyes, y en 1924 se expone el busto de Nefertiti en la isla de los museos de Berlín. Estos descubrimientos generaron una moda por lo egipcio. Las colonias europeas por su parte enviaban multitud de materiales para satisfacer el interés por maderas exóticas, pieles y marfil. Los elementos indígenas sin embargo se simplificaron y geometrizaron. Los símbolos, ornamentos o decoración se consideraban insignificantes. El ornamento por sí mismo se veía como atrasado, primitivo, folclórico. Se requería una cierta abstracción - las formas debían ser masivas, simples y elegantes, ¡ese era el progreso! -, mientras que los contenidos y temas multiplicaban la posibilidad de combinación hasta el infinito. En el Art déco tardío la velocidad y el aerodinamismo eran principios fundamentales. Además de máquinas y vehículos, muchos objetos se diseñaron con formas aerodinámicas, incluso los que tenían poco o nada que ver con rapidez de movimiento, como radios, frigoríficos, ropa interior o restaurantes.

En los años 60 y 70 se vivió un renacer del Art déco como contraposición a la rigidez del modernismo y la postmodernidad. El arte pop lo citó desenfadadamente,

nel 1924 fu esposto il busto di Nefertiti nell'Isola dei musei di Berlino. Questi avvenimenti innescarono una nuova moda dell'Egitto. Inoltre le colonie europee fornivano numerosi materiali, che servivano ad alimentare l'interesse per legni esotici, pelli e avorio. Ma gli elementi indigeni furono semplificati e geometrizzati. Per quanto riguarda gli ornamenti, i decori o i simboli, questi furono considerati poco importanti. Il puro ornamento era considerato popolare, arretrato e primitivo. Era richiesta una certa astrazione: le forme dovevano essere massicce, semplici ed eleganti, così era il progresso! E non si ponevano limiti alla combinazione di contenuti e significati. Nel tardo Art déco la velocità e la forma aerodinamica erano i modelli. Accanto alle vetture e ai macchinari, molte cose che avevano poco o niente a che fare con l'andatura veloce, come radio e frigoriferi, biancheria intima e ristoranti, furono progettate con linee aerodinamiche.

Negli anni Sessanta e Settanta l'Art déco conobbe un revival, come contrasto estetico del rigido modernismo e del post-moderno. La Pop Art lo cita allegramente, e per i film d'azione contemporanei

werd de buste van Nefertiti op het Museumsinsel in Berlijn getoond, gebeurtenissen die een nieuwe 'Egyptische' mode uitlokten. Daarnaast droegen de Europese koloniën veel materiaal aan voor een opleving van de interesse in exotisch hout, bont en ivoor, inheemse invloeden die werden vereenvoudigd en in geometrische patronen verwerkt. Wat deze ornamenten, decoratieve elementen of symbolen precies inhielden, was minder belangrijk. Het traditionele ornament werd nu als folkloristisch en primitief gezien. Men wilde meer abstractie – de vooruitgang moest zich uiten in vormen die solide, eenvoudig en elegant waren, terwijl de voorliefde voor nieuwe combinaties niet werd beperkt door inhouden en betekenissen. In de late art deco werden snelheid en stroomlijning krachtige nieuwe concepten. Naast voertuigen en machines werden veel voorwerpen gestroomlijnd vormgegeven die niets met snelheid te maken hadden, van radio's en koelkasten tot ondergoed en restaurants.

In de jaren zestig en zeventig van de vorige eeuw beleefde de art deco een comeback, als esthetische tegenpool van het rigide modernisme

CHRYSLER MOTOR CORP.
Carl Breer (1883–1970)
C-17 *Airflow* Four-Door Sedan, Chrysler Showroom, Chrysler Building
1937

BIALETTI
Luigi De Ponti
Moka Express
1933, Aluminum, bakelite/Aluminium, bakélite

design, but also its history, epitomize Art Deco. It is made of shiny aluminum and brings the luxury out of the café and into the home; from this simple pot design came a product for the masses. In Art Deco there are many contradictions: simple luxury items which became mass produced; emancipated clothing for women which gave birth to a strict ideal of beauty; ideas and forms taken from all eras and places which ultimately only consumed the "foreignness" whilst holding its culture at arm's length.

comme celles des radios et des réfrigérateurs, des sous-vêtements et des restaurants.

Dans les années 1960 et 1970, l'Art déco eut droit à un revival en tant qu'opposition esthétique au modernisme et au postmodernisme rigides. Le Pop Art le cita joyeusement et on emprunta volontiers quelques touches d'Art déco pour les films d'action et d'anticipation de l'époque: les ornements technoïdes étaient synonymes de progrès. On trouve aujourd'hui encore dans de nombreux foyers un classique du courant Art déco: la cafetière à expresso octogonale, « Moka Express », créée par Luigi De Ponti pour Alfonso Bialetti en Italie en 1933. Son design et son histoire sont associés à l'Art déco. Elle est en aluminium brillant et transforme le café en luxe domestique; on a fait un produit de masse d'un simple pot. Il y a donc de nombreuses contradictions dans l'Art déco: un luxe simple, qui s'est transformé en produit de masse; l'émancipation des vêtements pour les femmes qui a donné naissance à un idéal strict de la beauté; des idées et des formes de toutes les époques et venant de partout, qui finalement ne consommèrent que ce qui était étranger et ont ainsi finalement maintenu une certaine distance.

wie Radios und Kühlschränke, Unterwäsche und Restaurants.

In den 1960er- und 1970er-Jahren feierte der Art déco ein Revival, als ästhetischer Gegensatz des rigiden Modernismus und der Postmoderne. Die Pop Art zitierte ihn fröhlich, und für die zeitgenössischen Actionfilme und Zukunftsvisionen entlieh man sich gerne etwas Art déco: technoide Ornamente bedeuteten Fortschritt. Und noch heute findet sich in vielen Haushalten ein Klassiker des Art déco: die achteckige Espressokanne „Moka Express", die Luigi De Ponti 1933 für Alfonso Bialetti in Italien entwickelte. Nicht nur ihr Design, sondern auch ihre Geschichte steht für den Art déco. Sie ist aus metallisch glänzendem Aluminium und bringt den Luxus aus dem Café ins Zuhause; aus der einfachen Kanne wurde ein Massenprodukt. So finden sich im Art déco viele Widersprüche: simpler Luxus, der in Massenproduktion mündete; emanzipierte Kleidung für Frauen, die doch ein striktes Schönheitsideal gebar; Ideen und Formen aller Zeiten und Orte, die das „Fremde" aber letztendlich nur konsumierten und somit auf Abstand hielten.

y las películas de acción y futuristas tomaron prestados objetos del Art déco: los ornamentos, de aspecto tecnológico, significaban progreso. Todavía hoy en día encontramos un clásico del Art déco en muchas casas: la cafetera octagonal "Moka Express", que desarrolló Luigi De Ponti para Alfonso Bialetti en Italia en 1933. Esta representa el Art déco no solo por su diseño, sino también por su historia. Realizada en brillante aluminio, trae el lujo de los cafés al hogar: una sencilla cafetera se convierte en un producto de masas. El Art déco encierra muchas contradicciones: el lujo que desemboca en producción en masa; ropa para mujeres emancipadas que sin embargo encierra un ideal de belleza muy estricto; ideas y formas de todos los tiempos y lugares que utilizan lo "foráneo" para consumirlo y lo mantienen por tanto a distancia.

e le visioni futuristiche si prese a prestito volentieri qualcosa dell'Art déco: gli ornamenti tecnoidi significano progresso. E ancora oggi in molte case si trova un classico dell'Art déco: la caffettiera ottagonale "Moka Express", che Luigi De Ponti sviluppò in Italia nel 1933. Non soltanto il suo design, ma anche la sua storia rappresenta l'Art déco. È realizzata in un brillante alluminio metallico e porta il lusso del caffè nelle case; la semplice caffettiera divenne un prodotto di massa. Così nell'Art déco si trovano molte contraddizioni: il semplice lusso, che sfociava nella produzione di massa, gli abiti emancipati per le donne, che però dettero origine ad un rigoroso ideale di bellezza, idee e forme di tutte le epoche e i luoghi, che alla fin fine consumavano "l'estraneo" e quindi lo tenevano a distanza.

en postmodernisme. In de Pop Art werd de art deco vrolijk geciteerd en ook in actie- en sciencefictionfilms speelde de stijl een welkome bijrol: technoïde ornamenten stonden voor vooruitgang. Ook nu zijn in veel huishoudens art-decoklassiekers te vinden, zoals het achthoekige espressopotje dat in 1933 werd ontworpen door de Italiaan Luigi De Ponti voor Alfonso Bialetti – de 'Moka Express', waarvan niet alleen het ontwerp maar ook het verleden voor 'art deco' staat: gemaakt van glanzend aluminium, introduceerde hij de luxe van het café in de huiskamer; uit een simpel voorwerp werd een massaproduct. Het toont hoezeer de art deco vele tegenstrijdigheden omvat: eenvoudige luxe die tot massaproductie leidt; geëmancipeerde kleding voor vrouwen, binnen een nieuw schoonheidsideaal; internationale ideeën en vormen van alle tijden die het 'vreemde' tot consumptiegoed maakten en op afstand hielden.

Jewelry

Bijoux

Schmuck

Joyería

Gioielli

Sieraden

Female figure brooch
Broche avec figure féminine
Brosche mit weiblicher Figur
Broche con figura femenina
Spilla con figura femminile
Broche met vrouwenfiguur

Rubies, diamonds, emeralds, sapphires/Rubis, diamant, émeraude, saphir

Cigarette cases
Étuis à cigarettes
Zigarettenetuis
Pitilleras
Portasigarette
Sigarettenhouders
Metal, lacquer, eggshell/
Métal, laque, coquille d'œuf

Jewelry

In the post-war era, women gained greater political and social influence. This was also evident in their jewelry and clothing: the ideal of beauty had been transformed from the body-forming corsets and voluminous clothing of the nineteenth century into long, slender, trained bodies clothed in garments which offered much more freedom of movement. The clothing of Art Deco simplified the complex female form to a streamlined silhouette. In jewelry design plastics, glass and less expensive metals were being used in place of gold and silver with the development of new genres. Using jewelry and clothing, the designers of Art Deco wanted to transform their customers into a kind of total work of art, in a similar manner to interior designers transforming a room. This new look would be accompanied by sporty or exotic precious items and, by means of new materials and manufacturing techniques, high-quality fashion items could now be mass-produced in standard sizes for availability in the department stores.

Bijoux

Après la Première Guerre Mondiale, les femmes exercèrent une plus grande influence politique et sociale. Les bijoux et les vêtements suivirent : l'idéal de beauté passa d'une silhouette formée par un corset et vêtue des volumineux vêtements du XIXe siècle à un corps long, mince, tonique, portant des tenues qui offraient plus de liberté de mouvement. Les vêtements Art déco transformèrent les formes féminines complexes en une silhouette simplifiée. En matière de joaillerie, les matières plastiques, le verre et des métaux moins coûteux que l'or et l'argent furent de plus en plus utilisés. Cela donna naissance à un nouveau genre. Par l'intermédiaire des bijoux et des vêtements, les créateurs Art déco essayaient de transformer leurs clients en une sorte d'œuvre d'art totale, de la même façon qu'un décorateur le fait avec un intérieur. La nouvelle image devait être accompagnée d'objets précieux, sportifs ou exotiques. Grâce aux nouveaux matériaux et aux techniques de fabrication, une mode de grande qualité put désormais être produite en masse et entra en tailles standard dans les magasins.

Schmuck

In der Zeit nach dem Ersten Weltkrieg erlangten Frauen größeren politischen und sozialen Einfluss. Dies wurde auch in Schmuck und Kleidung sichtbar: Das Schönheitsideal wandelte sich vom durch ein Korsett geformten Leib in der voluminösen Kleidung des 19. Jahrhunderts zum langen, schlanken, trainierten Körper in Kleidungsstücken, die sehr viel mehr Bewegungsfreiheit boten. Die Kleidung des Art déco vereinfachte die komplexen weiblichen Formen zur stromlinienförmigen Silhouette. Im Schmuckdesign verwendete man vermehrt Kunststoffe, Glas und kostengünstigere Metalle als Gold und Silber. Dabei entwickelte man neue Genres. Mittels Schmuck und Kleidung versuchten die Designer des Art déco, ihre Kunden in eine Art Gesamtkunstwerk zu verwandeln, ähnlich wie die Raumausstatter das Interieur. Das neue Erscheinungsbild sollte von sportiven oder exotischen Preziosen begleitet werden. Durch neue Materialien und Fertigungstechniken konnte qualitätvolle Mode nun massenhaft produziert werden und gelangte in Standardgrößen in die Kaufhäuser.

Hatpins
Épingles à chapeau
Hutnadeln
Alfileres de sombrero
Spilloni
Hoedenpennen

Joyería

Las mujeres obtuvieron en el período tras la Primera Guerra Mundial una mayor influencia política y social, lo que se tradujo también en la ropa y joyería: el ideal de belleza mudó del cuerpo modelado por el corsé en las voluminosas vestimentas del XIX hacia cuerpos más delgados y alargados portando vestimentas que permitían una mayor libertad de movimiento. La ropa del Art déco simplificó las complejas formas femeninas creando una silueta aerodinámica. En el diseño de joyas se utilizó con mayor profusión el plástico, cristal, y metales más económicos que el oro o la plata, a la par que se crearon nuevos géneros. Los diseñadores del Art déco intentaban, por medio de la joyería y la ropa, convertir a sus clientes en una especie de obra de arte total, de forma parecida a la que los diseñadores de interiores trabajaban con el espacio. La nueva imagen exterior debía venir acompañada de objetos preciosos exóticos o deportivos. Gracias a los nuevos materiales y modos de producción podía producirse en masa ropa de calidad, llegando a los almacenes en tamaños estándar.

Gioielli

Nel periodo successivo alla Prima guerra mondiale, le donne acquisirono maggiore influenza politica e sociale. Questo divenne evidente anche nei gioielli e nell'abbigliamento: l'ideale di bellezza si trasformò dal corpo formato dal corsetto degli abiti voluminosi del XIX secolo nei corpi lunghi, snelli e allenati in capi di abbigliamento che offrivano molta più libertà di movimento. L'abbigliamento dell'Art déco semplificò le complesse forme femminili in una silhouette dalle linee affusolate. Nel design di gioielli aumentò l'utilizzo di materiali sintetici, vetro e metalli più economici di oro e argento. Di conseguenza si svilupparono nuovi generi. Per mezzo di gioielli e vestiti gli stilisti dell'Art déco cercarono di convertire i loro clienti ad un tipo di opera d'arte totale, similmente agli arredatori di spazi interni. Il nuovo aspetto doveva essere accompagnato da gioielli sportivi o esotici. Grazie a nuovi materiali e tecniche di lavorazione fu possibile produrre anche in massa una moda di qualità, che arrivò con misure standard nei grandi magazzini.

Sieraden

In de tijd na de Eerste Wereldoorlog eisten vrouwen een grotere politieke en sociale invloed op. Dit uitte zich ook in sieraden en kleding: het schoonheidsideaal veranderde van het negentiende-eeuwse, in een korset gesnoerde en door weelderige kleding omhulde vrouwenfiguur in het lange, slanke en getrainde vrouwenlichaam in kleding die veel meer bewegingsvrijheid toeliet. De mode van de art deco vereenvoudigde de complexiteit van vrouwelijke vormen tot een gestroomlijnd silhouet. In sieraadontwerpen werden vaker kunststoffen, glas en goedkopere metalen dan goud en zilver gebruikt, waardoor nieuwe genres ontstonden. Aan de hand van sieraden en mode probeerden de designers van de art deco een soort Gesamtkunstwerk te maken, zoals binnenhuisarchitecten een interieur inrichten. De nieuwe stijl moest door sportieve of exotische kleinodiën worden benadrukt. En met nieuwe materialen en fabricages kon kwaliteitsmode nu op grote schaal geproduceerd worden en in standaardmaten aan warenhuizen worden geleverd.

French School

La Mode Femme Fatale Powder Compact

Poudrier *La Mode*: Femme fatale

Puderdose *La Mode*: Femme fatale

Polvera *La Mode*: Femme fatale

Portacipria *La Mode*: Femme Fatale

Poederdoos *La Mode*: femme fatale

Enamel/Émail

French School

Ladybird Powder Box

Poudrier avec coccinelle

Puderdose mit Marienkäfer

Polvera con mariquita

Portacipria con coccinella

Poederdoos met lieveheersbeestje

c. 1925, Bakelite/Bakélite

Czech School

Princess Handbag Powder Compact

Poudrier *Princess* en forme de sac à main

Puderdose *Princess* in Handtaschenform

Polvera *Princess* en forma de bolso

Portacipria *Princess* a forma da borsetta

Poederdoos *Princess* in de vorm van een handtas

c. 1935

Czech School

Princess Powder Compact

Poudrier *Princess*

Puderdose *Princess*

Polvera *Princess*

Portacipria *Princess*

Poederdoos *Princess*

DUBARRY

English School

Ballerina Powder Compact

Poudrier avec ballerine

Puderdose mit Ballerina

Polvera con bailarina

Portacipria con ballerina

Poederdoos met ballerina

c. 1925

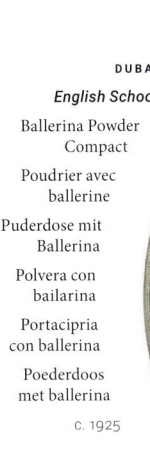

English School

Elegance Powder Compact

Poudrier *Elegance*

Puderdose *Elegance*

Polvera *Elegance*

Portacipria *Elegance*

Poederdoos *Elegance*

c. 1925, Hand-engraved bakelite/Bakélite

STRATNOID

English School

Dancers Powder Compact

Poudrier avec danseurs

Puderdose mit Tänzern

Polvera con bailarines

Portacipria con ballerini

Poederdoos met dansers

Enamel/Émail

ROWENTA

German School

Powder Compact

Poudrier

Puderdose

Polvera

Portacipria

Poederdoos

Coral/Corail

25

Brooches and pendant in the form of butterflies
Broches et pendentif en forme de papillon
Broschen und Anhänger in Schmetterlingsform
Broches y colgante en forma de mariposa
Spille e pendente a forma di farfalla
Broches en hanger in vlindervorm

Carved rock crystal pendant
Pendentif en cristal de roche polie
Anhänger aus geschliffenem Bergkristall
Colgante de cristal de roca tallada
Pendente in cristallo di rocca affilato
Hangers van geslepen bergkristal

Crystal, enamel, diamond, coral/émail, corail

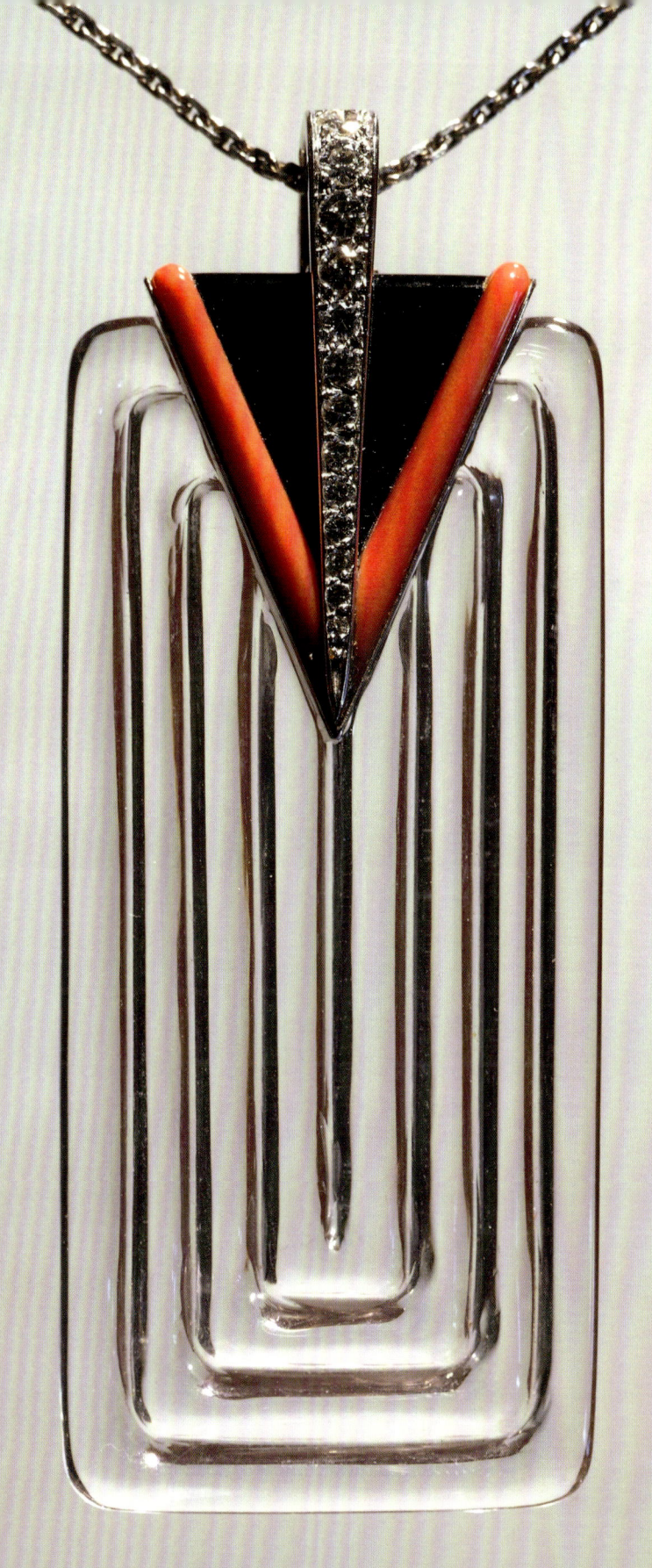

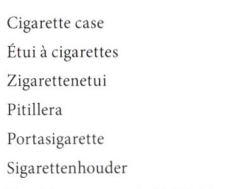

Cigarette case
Étui à cigarettes
Zigarettenetui
Pitillera
Portasigarette
Sigarettenhouder
Metal, lacquer, eggshell/Métal, laque, coquille d'œuf

French School
Bow brooch and bracelets
Broche en forme de rubans et bracelets
Brosche in Schleifenform und Armbänder
Broche en forma de lazo y brazaletes
Spilla a forma di fiocco e braccialetti
Strikvormige broche en armbanden
1930, Platinum, sapphire, diamond/Platine, saphir, diamant, 15,5 × 17,8 × 19,2 cm

Brooch pendant, brooch, earrings
Collier avec pendentif en forme de broche, broche et boucles d'oreilles
Collier mit broschenförmigem Anhänger, Brosche und Ohrringe
Collar con colgante en forma de broche, broche y pendientes
Collier con pendente a forma di spilla, spilla e orecchini
Collier met brochevormige hanger, broche en oorbellen
Diamond, ruby/Diamant, rubis

Lucien Lelong (1889–1958)
Beaded cocktail dress
Robe brodée de perles
Mit Perlen besticktes Kleid
Vestido bordado con perlas
Abito ricamato con perle
Jurk bestikt met parels
Silk, silver beads, silver lame/Soie, argent

Women in Art Deco

Art Deco was originally a European phenomenon, the center of which was Paris. The world's most famous woman in Art Deco design was Coco Chanel. The iconic cocktail dress was created by the famous fashion designer in 1926 and is made of silk chiffon with geometric lines of black pearls falling from the hip. Coco Chanel, actually Gabrielle Chasnel, was an illegitimate child who, with supposedly merciless toughness, transformed herself into a clever career woman with unprecedented success. She supposedly even cooperated with the Nazis. Shortly after

La Femme dans l'Art déco

L'Art déco était à l'origine un phénomène européen dont Paris était le centre. Coco Chanel était la femme Art déco la plus célèbre au monde. Cette robe de cocktail lança la créatrice de mode en 1926. Elle est en mousseline de soie, et ses lés géométriques de perles noires descendent depuis la taille. Coco Chanel, ou plus exactement Gabrielle Chasnel était orpheline. Avec une rigueur que l'on disait impitoyable, cette femme de tête habile connut un succès sans précédent. On dit même qu'elle collabora avec le

Die Frau im Art déco

Art déco war ursprünglich ein europäisches Phänomen, als dessen Zentrum Paris gilt. Die weltweit bekannteste Frau des Art déco war Coco Chanel. Dieses Cocktailkleid entwarf die berühmte Modeschöpferin 1926. Es ist aus Seidenchiffon, und geometrische Bahnen schwarzer Perlen fallen von der Hüfte herab. Coco Chanel, eigentlich Gabrielle Chasnel, war ein Waisenkind. Mit angeblich gnadenloser Härte gelangte die geschickte Karrierefrau zu beispiellosem Erfolg. Sie soll sogar mit den Nazis kooperiert haben. Kurz nach dem Ersten Weltkrieg entwickelte die Chanel ihren einzigartigen Stil, der die Modewelt revolutionieren sollte.

Coco Chanel (1883–1971)
Cocktail dress
Robe de cocktail
Cocktailkleid
Vestido de cóctel
Abito da cocktail
Cocktailjurk
1926, Silk chiffon/Chiffon

La mujer en el Art déco

El Art déco fue en su origen un fenómeno europeo cuyo centro se considera París. La mujer más famosa del Art déco fue Coco Chanel. La célebre diseñadora creó este vestido de cóctel en 1926. Está hecho en chifón de seda, con líneas geométricas de perlas negras que caen a partir de la cintura. Coco Chanel, de nombre real Gabrielle Chasnel, era una huérfana. Esta emprendedora mujer llegó a conquistar un éxito sin precendentes con una rigidez supuestamente despiadada: habría cooperado incluso con los nazis. Poco después de la Primera Guerra Mundial Chanel desarrolló un estilo propio que revolucionaría el mundo de la moda. Inspirado en el Art déco y el

La donna nell'Art déco

L'Art déco fu in origine un fenomeno europeo che aveva il suo centro a Parigi. La donna dell'Art déco più famosa nel mondo era Coco Chanel. Nel 1926 la celebre creatrice di moda disegnò l'abito da cocktail. È composto da chiffon di seta e le linee geometriche delle perline nere ricadono dai fianchi. Coco Chanel, al secolo Gabrielle Chasnel, era un'orfanella. Con una grinta in apparenza spietata l'abile donna in carriera ottenne un successo senza precedenti. Si dice che abbia perfino collaborato con i nazisti. Subito dopo la Prima guerra mondiale Chanel sviluppò

De vrouw in de art deco

Oorspronkelijk was de art deco een Europees fenomeen, met Parijs als centrum. De beroemdste vrouw in de art deco was Coco Chanel. Deze cocktailjurk ontwierp de beroemde modeontwerpster in 1926. Hij bestaat uit zijdechiffon met geometrische patronen van zwarte parels die van de heupen omlaag vallen. Coco Chanel, geboren als Gabrielle Chasnel, was een weeskind. De handige carrièrevrouw wist ogenschijnlijk op meedogenloze wijze succes te boeken en zou zelfs met de nazi's hebben gecollaboreerd.

English School
Gold shoes
Chaussures en cuir doré
Schuhe aus goldenem Leder
Zapatos de cuero dorado
Scarpe in pelle dorata
Schoenen van verguld leer
Leather/Cuir, Museum of London, London

George Barbier

Les Trois Graces
Les trois Grâces
Die drei Grazien
Las tres Gracias
Le tre Grazie
De Drie Gratiën

1918, Litho/Lithographie

the First World War, Chanel developed her unique style, which was to revolutionise the fashion world. Inspired by Art Deco and the women's movement, she designed uncomplicated, sporty, but luxurious fashion from simple fabrics. Corsets, frills, and the waistline disappeared, liberating the female body. Chanel's fashion became very popular and was swiftly imitated, with her own designs being produced in massive numbers. Today, the Chanel Group is one of the world's fashion houses par excellence.

régime nazi. Peu après la Première Guerre mondiale, Chanel développa son style unique qui révolutionna le monde de la mode. Inspirée par l'Art déco et le mouvement féministe elle conçut, à partir de matériaux simples, une mode sportive et pourtant luxueuse. Corsets, volants et taille marquée disparurent pour libérer le corps féminin. La mode de Chanel, très populaire, fut bientôt imitée et ses modèles produits en grand nombre. Le Groupe Chanel est aujourd'hui l'un des empires de la mode.

Inspiriert vom Art déco und der Frauenbewegung entwarf sie aus einfachen Stoffen simple, sportliche und doch luxuriöse Mode. Korsetts, Rüschen und die Hüftlinie verschwanden und befreiten den weiblichen Körper. Chanels Mode wurde sehr beliebt, bald imitiert und ihre Entwürfe wurden in massenhafter Zahl gefertigt. Heute ist der Chanel-Konzern eines der Modeimperien schlechthin.

Lucien Lelong
Model of a straight dress
Modèle pour une robe coupe droite
Modell für ein gerade geschnittenes Kleid
Modelo para un vestido de corte recto
Modello per un vestito di taglio dritto
Model voor een recht gesneden jurk
1925, Drawing/Dessin

movimiento feminista, creó una moda simple, deportiva y sin embargo lujosa, a partir de tejidos sencillos. Los corsés, volantes y líneas de cintura desaparecieron, liberando el cuerpo de la mujer. La moda de Chanel era muy apreciada, y fue rápidamente imitada: sus diseños se recrearon de forma masiva. Al fin y al cabo todavía hoy en día Chanel es uno de los grandes imperios de la moda.

il suo stile incomparabile, che doveva rivoluzionare il mondo della moda. Ispirata dall'Art déco e dal movimento femminista, da semplici tessuti disegnò una moda facile e sportiva ma anche lussuosa. Corsetti, ruches e la linea dei fianchi scomparirono e liberarono il corpo femminile. La moda di Chanel fu molto amata e subito imitata, e i suoi disegni furono realizzati in grande quantità nella produzione di massa. Oggi il gruppo Chanel è uno degli imperi della moda per eccellenza.

Kort na de Eerste Wereldoorlog ontwikkelde Chanel haar unieke stijl, die een revolutie in de modewereld teweeg zou brengen. Geïnspireerd door de art deco en de vrouwenbeweging, ontwierp ze met eenvoudige stoffen simpele, sportieve maar toch elegante mode. Korsetten, ruches en de wespentaille verdwenen en het vrouwenlichaam werd bevrijd. Chanels mode werd enorm populair en haar ontwerpen snel gekopieerd en in groten getale geproduceerd. Tegenwoordig is het Chanel-concern een waar modeimperium.

Four-leaf clover shaped brooch
Broche en forme de trèfle
à quatre feuilles
Brosche in Form eines
vierblättrigen Kleeblatts
Broche en forma de
trébol de cuatro hojas
Spilla a forma di
quadrifoglio
Broche in de vorm
van een klavertjevier

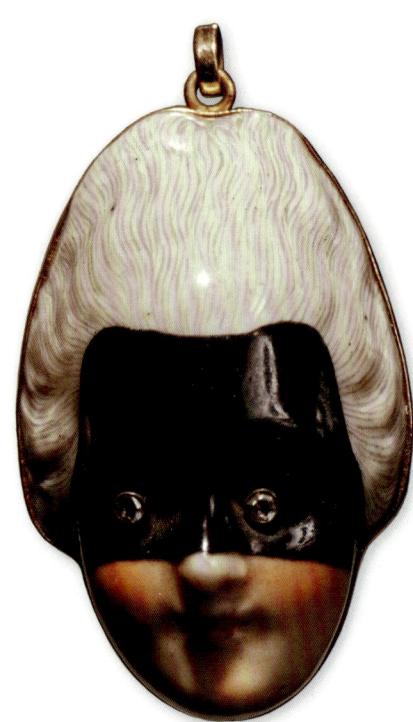

Pill box
Piluliers
Tablettendöschen
Pastillero
Portapillole
Pillendoosje

Porcelain, gold/
Porcelaine, or

French School
Brooch
Broche
Brosche
Broche
Spilla
Broche
1930

Brooch
Broche
Brosche
Broche
Spilla
Broche

Scroll and leaf design necklace
Collier avec ornements en forme de feuilles et perles
Collier mit Blattornamenten und Perlen
Collar con motivos en forma de hoja y perlas
Collier con ornamenti a foglia e perle
Collier met bladornamenten en parels

Ruby, emerald, sapphire, diamond/Rubis, émeraude, saphir, diamant

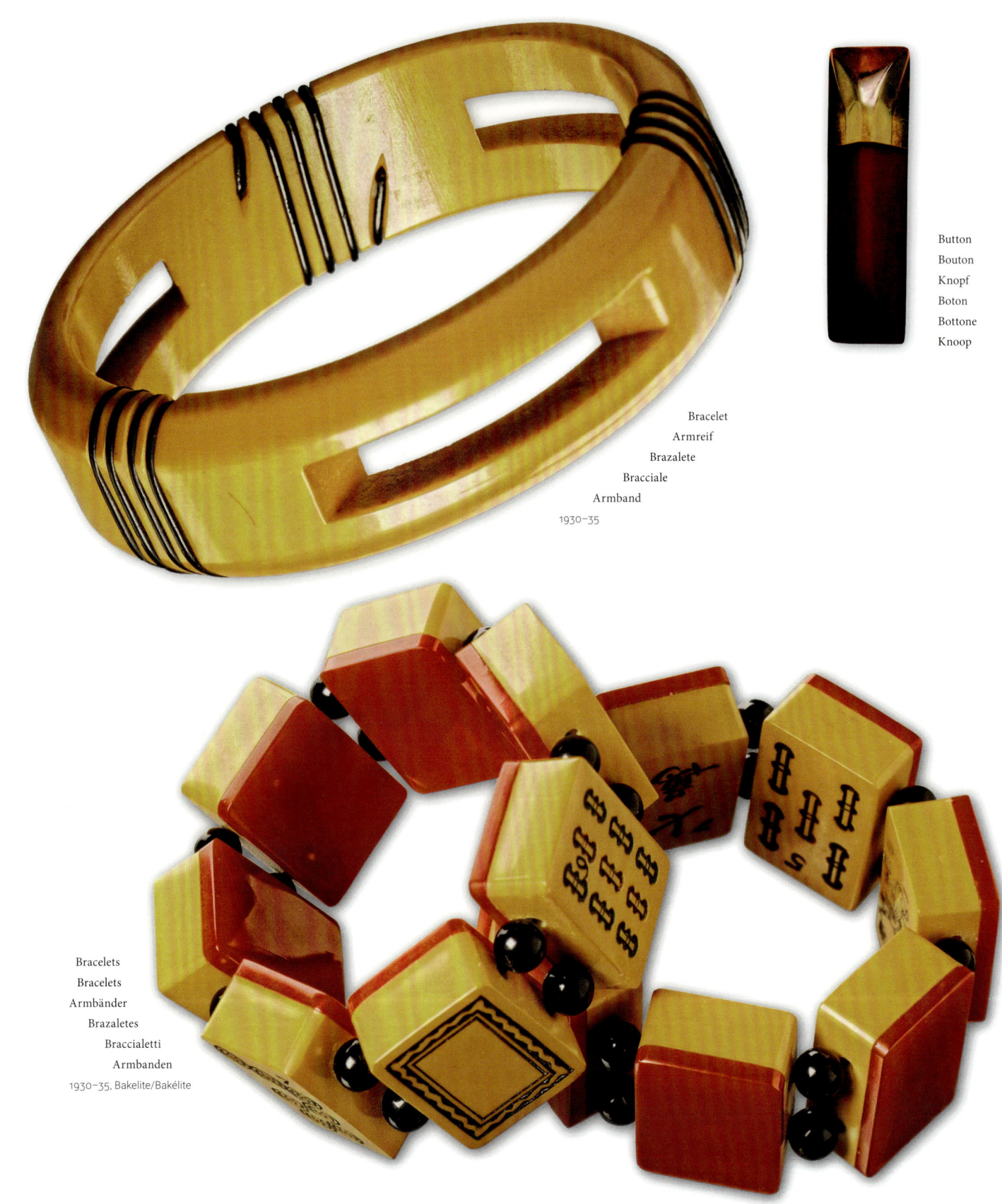

Button
Bouton
Knopf
Boton
Bottone
Knoop

Bracelet
Armreif
Brazalete
Bracciale
Armband
1930–35

Bracelets
Bracelets
Armbänder
Brazaletes
Braccialetti
Armbanden
1930–35, Bakelite/Bakélite

Clip
Fermoir
Spange
Fíbula
Fermaglio
Kledingspeld

Clip-on earring
Boucle d'oreilles clip
Ohrclip
Pendiente
Orecchino a clip
Oorbelclip
1930–35, Bakelite/Bakélite

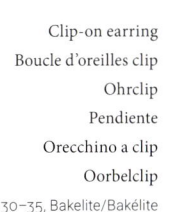

Miter-shaped clip
Fermoir en forme de mitre
Spange in Form einer Mitra
Fíbula en forma de mitra
Fermaglio a forma di mitra
Kledingspeld in de vorm
van een mijter

Clip
Fermoir
Spange
Fíbula
Fermaglio
Kledingspeld
Bakelite/Bakélite

Clip
Fermoir
Spange
Fíbula
Fermaglio
Kledingspeld
1928–35,
Bakelite/Bakélite

Brooch
Broche
Brosche
Broche
Spilla
Broche
1935, Bakelite/Bakélite

37

Necklace
Collier
Halskette
Collar
Collana
Collier

c. 1945, Pearl, crystal/Perle, cristal

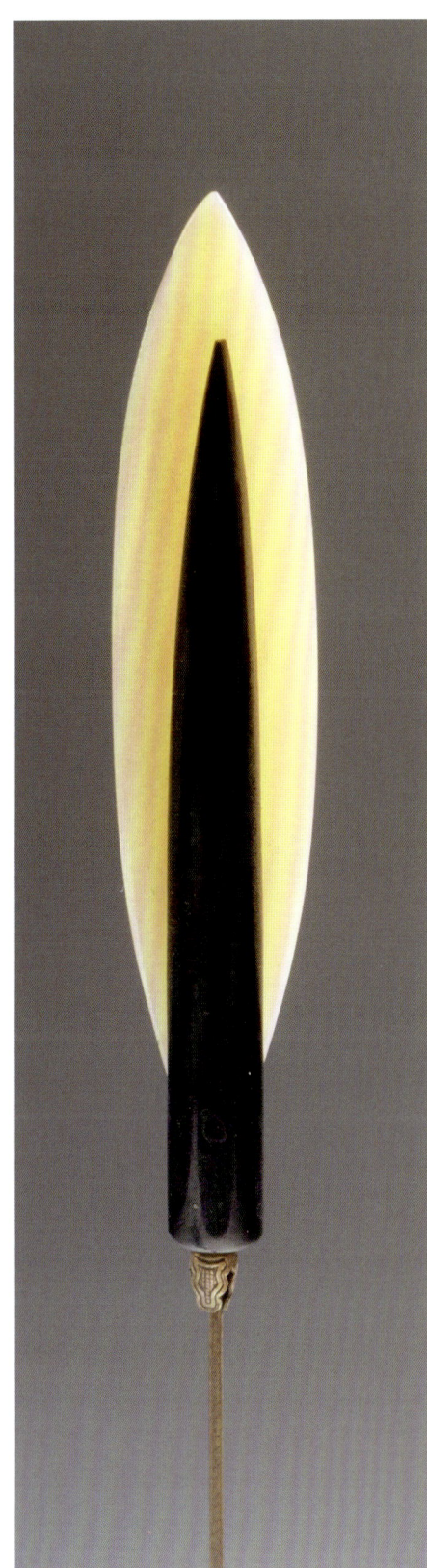

Hatpin
Épingle à chapeau
Hutnadel
Alfiler de sombrero
Spillone
Hoedenpen

Hatpin
Épingle à chapeau
Hutnadel
Alfiler de sombrero
Spillone
Hoedenpen

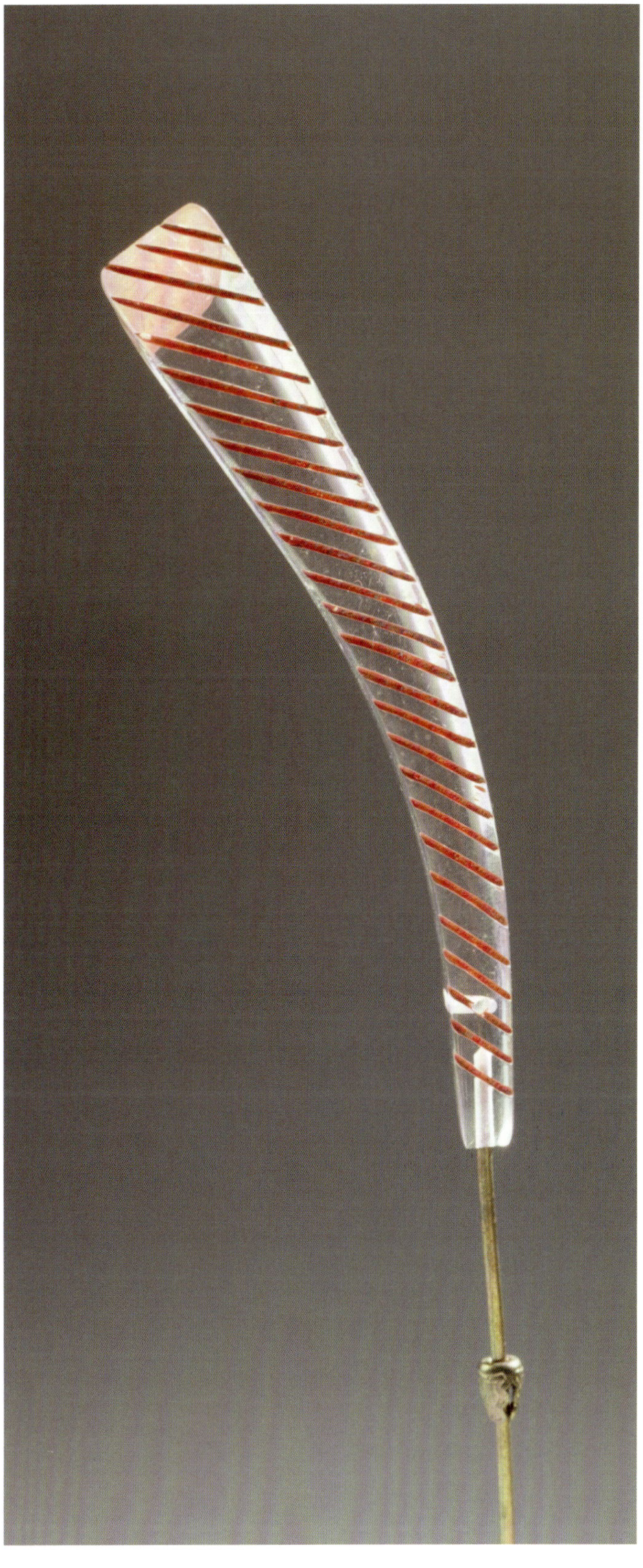

Graphic art

Graphismes

Grafiken

Gráficos

Opere grafiche

Grafiek

George Barbier

The Tango   Der Tango   Il tango
Le Tango   El tango   De tango

Pen, ink and watercolor on paper/Plume, encre et aquarelle sur papier

English School

Sheet music cover
Couverture d'une partition
Klaviernotenumschlag
Cubierta de una partitura
Copertina di spartito
Bladmuziekomslag

1902, Color litho/Lithographie en couleur

Graphic art

At the time of Art Deco, many new products were appearing on the market and it was necessary to make potential customers aware of this. For this purpose, the medium of the poster was excellently suited, with these often being pasted onto advertising pillars. New technical developments allowed greater efficiency in printing and improved legibility of the text. Color lithography was improved and presented the public with brightly colorful posters in large print runs. The medium of print graphics served as an ambassador for Art Deco with futuristic, exotic and modern themes finding their place on paper. We may see how the new culture of mass consumption worked at this time: innovative ideas were initially only accessible to the avant-garde, but after a certain period they circulated through the new media, such as the poster. As soon as a particular market niche became saturated, then one turned to new styles.

Graphismes

À l'époque de l'Art Déco, de nombreux produits nouveaux entrèrent sur le marché. Il fallait donc les proposer à la clientèle. Les affiches (souvent collées sur les colonnes Morris) furent pour cela un moyen idéal. Les développements techniques permirent une plus grande efficacité de l'impression et une meilleure lisibilité du texte. La lithographie couleur fut améliorée et offrit au public des impressions colorées à grand tirage. La gravure fut en quelque sorte l'ambassadrice de l'Art déco. Des thèmes futuristes, exotiques et modernes trouvèrent leur place sur le papier. Il est intéressant d'observer la façon dont a fonctionné la culture de masse à l'époque : des idées novatrices, qui n'étaient d'abord accessibles qu'à l'avant-garde, se diffusèrent après un certain temps par l'intermédiaire de nouveaux médias, comme l'affiche. Aussitôt que le marché était saturé, on passait à de nouveaux styles.

Grafiken

Zur Zeit des Art déco gelangten viele neue Produkte auf den Markt, die an die Kundschaft gebracht werden sollten. Dazu war das Medium des Plakats hervorragend geeignet (das häufig auf Litfaßsäulen angebracht wurde). Technische Weiterentwicklungen ermöglichten eine größere Effizienz im Druck und eine bessere Lesbarkeit der Schrift. Die Farblithografie wurde verbessert und bescherte dem Publikum bunte Drucke in hohen Auflagen. Das Medium der Druckgrafik diente quasi als Botschafter des Art déco. Futuristische, exotische und moderne Themen fanden ihren Platz auf dem Papier. In dieser Zeit ist zu beobachten, wie die neuartige Kultur des Massenkonsums funktionierte: Innovative Ideen waren zunächst nur einer Avantgarde zugänglich, verbreiteten sich nach einer gewissen Zeit aber durch neue Medien wie das Plakat. Sobald der Markt gesättigt war, wandte man sich neuen Stilen zu.

Harry Clarke (1889–1931)

The New One is the Most Beautiful of All
(illustration for Hans Christian Andersen's *The Ugly Duckling*)

Le nouveau est le plus beau de tous
(illustration pour Hans Christian Andersen, *Le vilain petit canard*)

Der Neue ist der Schönste von allen
(Illustration für Hans Christian Andersen, *Das hässliche Entlein*)

El nuevo es el más bonito de todos
(ilustración para el cuento de Hans Christian Andersen *El patito feo*)

Il Nuovo è il più bello di tutti
(illustrazione per Hans Christian Andersen, *Il brutto anatroccolo*)

De nieuwe is de mooiste van allemaal
(illustratie voor *Het lelijke eendje* van Hans Christian Andersen)

1910, Engraving/Gravure

Gráficos

En los tiempos del Art déco llegaban al mercado multitud de nuevos productos que tenían que presentarse a la clientela. El cartel era un medio ideal a tal efecto (a menudo se colgaban en columnas de anuncios). Los desarrollos técnicos permitieron una mayor eficiencia a la hora de imprimir y una mayor legibilidad de la letra. La litografía en color se mejoró igualmente y proporcionó al gran público copias en color en tiradas de gran número. La imprenta gráfica funcionó casi como embajador del Art déco. El papel presentaba temas futuristas, exóticos y modernos. En esta época podemos observar cómo funcionaba la novedosa cultura del consumo de masas: las ideas innovadoras eran al principio accesibles solo a un reducido grupo, y después de un determinado tiempo se expandían gracias a medios como el cartel/póster. Una vez que el mercado estaba saturado, se cambiaba hacia nuevas tendencias.

Opere grafiche

Nel periodo Art déco arrivarono sul mercato molti nuovi prodotti, che si doveva far conoscere alla clientela. A questo scopo era eccellente il mezzo del manifesto, che spesso veniva attaccato sulle colonne per le affissioni. Ulteriori sviluppi tecnici consentirono una maggiore efficienza nella stampa e una migliore leggibilità degli scritti. La litografia a colori fu migliorata regalando al pubblico stampe colorate ad alta tiratura. Il mezzo della riproduzione a stampa divenne per così dire l'ambasciatore dell'Art déco. Temi futuristici, esotici e moderni trovarono il loro posto sulla carta. In questo periodo si può notare come funzionava la nuova cultura del consumismo di massa: le idee innovative furono accessibili in un primo momento soltanto ad un'avanguardia, ma dopo un certo periodo si diffusero grazie a nuovi mezzi come il manifesto. Non appena il mercato era soddisfatto, ci si dedicava a nuovi stili.

Grafiek

De periode van de art deco was een tijd van nieuwe producten, die aan de man gebracht moesten worden. Daartoe was het middel van het affiche zeer geëigend: alom werden affiches op peperbussen aangeplakt. Door innovaties kon er efficiënter worden gedrukt en werd de typografische leesbaarheid verbeterd. De kleurenlithografie werd geperfectioneerd, waardoor een groot publiek van kleurrijk drukwerk werd voorzien. De drukgrafiek diende als ambassadeur van de art deco: futuristische, exotische en moderne thema's vonden hun weg naar het gedrukte papier. In deze tijd is te zien hoe de nieuwe cultuur van de massaconsumptie functioneerde: innovatieve ideeën die aanvankelijk waren voorbehouden aan de avantgarde, konden na verloop van tijd door nieuwe media als het affiche worden verspreid. Zodra de markt was verzadigd, ging men over op nieuwe stijlen.

George Barbier

Ancient Greece (illustration from Richard Le Gallienne's *The Romance of Perfume*)
La Grèce ancienne (de *The Romance of Perfume* de Richard Le Gallienne)
Das Alte Griechenland (aus Richard Le Galliennes *The Romance of Perfume*)
La Antigua Grecia (ilustración en *The Romance of Perfume* de Richard Le Gallienne)
L'antica Grecia (da *The Romance of Perfume* di Richard Le Gallienne)
Het oude Griekenland (uit *The Romance of Perfume* van Richard Le Gallienne)
1912, Serigraph/Sérigraphie

George Barbier

Egypt (illustration from Richard Le Gallienne's *The Romance of Perfume*)
L'Égypte (de *The Romance of Perfume* de Richard Le Gallienne)
Ägypten (aus Richard Le Galliennes *The Romance of Perfume*)
Egipto (ilustración en *The Romance of Perfume* de Richard Le Gallienne)
Egitto (da *The Romance of Perfume* di Richard Le Gallienne)
Egypte (uit *The Romance of Perfume* van Richard Le Gallienne)
1912, Serigraph/Sérigraphie

George Barbier

Persia (illustration from Richard Le Gallienne's *The Romance of Perfume*)

La Perse (de *The Romance of Perfume* de Richard Le Gallienne)

Persien (aus Richard Le Galliennes *The Romance of Perfume*)

Persia (ilustración en *The Romance of Perfume* de Richard Le Gallienne)

Persia (da *The Romance of Perfume* di Richard Le Gallienne)

Perzië (uit *The Romance of Perfume* van Richard Le Gallienne)

1912, Serigraph/Sérigraphie

George Barbier

Un peu… ("a bit…", design for a country dress by Paquin)
Un peu… (projet pour une robe de campagne par Paquin)
Un peu… („ein wenig…", Entwurf für ein auf dem Land zu tragendes Kleid)
Un peu… ("un poco…", boceto de un vestido para el campo)
Un peu… ("un poco…", disegno per un vestito campagnolo)
Un peu… ("een beetje…", ontwerp van een jurk voor uitstapjes naar het platteland)
1913, Color litho/Lithographie en couleur

George Barbier

What Do Young Women Dream Of?
(Illustration for *La Guirlande des mois*)
À Quoi rêvent les jeunes filles ? (Illustration pour *La Guirlande des mois*)
Wovon träumen die jungen Mädchen? (Illustration für *La Guirlande des mois*)
¿Qué sueñan las jóvenes? (Ilustración para *La Guirlande des mois*)
Cosa sognano le giovani donne? (Illustrazione per *La Guirlande des mois*)
Waarvan dromen de jonge meisjes? (Illustratie voor *La Guirlande des mois*)

1918, Pen, ink and watercolor on paper/Plume, encre et aquarelle sur papier, 38,1 × 29,8 cm

George Barbier

Have you had a good dinner, Jacquot?
As-tu bien déjeuné Jacquot?
Hast du gut gegessen, Jacquot?
¿Has comido bien, Jacquot?
Hai mangiato bene, Jacquot?
Heb je goed gegeten, Jacquot?
1919, Color litho/Lithographie en couleur

George Barbier
Le Grand Décolletage
1921, Serigraph/Sérigraphie

George Barbier
Eventails
Éventails
Fächer
Abanicos
Ventagli
Waaiers
1924, Serigraph/Sérigraphie

George Barbier

Illustration from *Les Chansons de Bilitis*
Illustration de *Les Chansons de Bilitis*
Illustration aus *Les Chansons de Bilitis*
Ilustración de *Les Chansons de Bilitis*
Illustrazione da *Les Chansons de Bilitis*
Illustratie uit *Les Chansons de Bilitis*
1922, Serigraph/Sérigraphie

George Barbier

Sloth (from *Seven Deadly Sins* series)
L'Inertie (de la série *Les sept péchés capitaux*)
Die Trägheit (aus der Serie *Die Sieben Todsünden*)
La pereza (de la serie *Los siete pecados capitales*)
L'inerzia (della serie *I sette peccati capitali*)
De Luiheid (uit de serie *De zeven doodzonden*)
1924, Serigraph/Sérigraphie

George Barbier
Incantation
Incantation
Beschwörung
Encantación
Incantesimo
Bezwering
1922, Serigraph/Sérigraphie
(Gazette du Bon Ton)

George Barbier

Cover of fashion almanac
Falbalas & Fanfreluches'

Couverture de l'almanach de la mode *Falbalas & Fanfreluches*

Titel des Modealmanachs *Falbalas & Fanfreluches*

Portada del almanaque de moda *Falbalas & Fanfreluches*

Copertina dell'almanacco di moda *Falbalas & Fanfreluches*

Omslag van de modealmanak *Falbalas & Fanfreluches*

1923

George Barbier

Fireworks in Venice (illustration for Paul Verlaine's *Fêtes Galantes*)

Feux d'artifice à Venise (illustration pour les *Fêtes galantes* de Paul Verlaine)

Feuerwerk in Venedig (Illustration für Paul Verlaines *Fêtes galantes*)

Fuegos artificiales en Venecia (ilustración para *Fêtes galantes* de Paul Verlaine)

Fuochi d'artificio a Venezia (illustrazione per *Fêtes galantes* di Paul Verlaine)

Vuurwerk in Venetië (illustratie voor *Fêtes galantes* van Paul Verlaine)

1924, Serigraph/Sérigraphie

George Barbier

The Taste of Shawls

Le Goût des châles

Die Freude an Tüchern

El gusto por los chales

Il piacere degli scialli

De voorliefde voor sjaals

1922, Serigraph/Sérigraphie
(Falbalas & Fanfreluches)

George Barbier

The Fire (illustration for Paul Verlaine's *Fêtes Galantes*)

Le feu (illustration pour les *Fêtes galantes* de Paul Verlaine)

Das Feuer (Illustration für Paul Verlaines *Fêtes galantes*)

El fuego (ilustración para *Fêtes galantes* de Paul Verlaine)

Il fuoco (illustrazione per *Fêtes galantes* di Paul Verlaine)

Het vuur (illustratie voor *Fêtes galantes* van Paul Verlaine)

1925, Serigraph/Sérigraphie

George Barbier

Summer
L'été
Der Sommer
El verano
L'estate
De zomer

1925, Serigraph/Sérigraphie (*Gazette du Bon Ton*)

George Barbier

Envy
L'Envie
Der Neid
La envidia
Invidia
De afgunst

1924, Serigraph/Sérigraphie (*Falbalas & Fanfreluches*)

George Barbier

At Polo

Au polo

Beim Polospiel

Jugando a polo

Partita di polo

Bij het polospel

1923, Serigraph/Sérigraphie

George Barbier

The Gourmands

La Gourmandise

Das Schlemmen

Gourmets

I golosi

De gulzigheid

1924, Serigraph/Sérigraphie

George Barbier

I'll be faithful to you

Comptez sur mes serments

Ich bleibe Ihnen treu

Cuente con mis jurados

Ti sarò fedele

Ik blijf u trouw

1923, Litho/Lithographie
(Falbalas & Fanfreluches)

George Barbier

Along the Missouri

Le long du Missouri

Den Missouri entlang

A lo largo del Misuri

Lungo il Missouri

Langs de Missouri

1922, Serigraph/ Sérigraphie *(Falbalas & Fanfreluches)*

George Barbier

The Panpipe
La flûte de Pan
Die Panflöte
La siringa
Il flauto di Pan
De panfluit

1923, Litho/ Lithographie *(Falbalas & Fanfreluches)*

George Barbier

La Belle Indolente
La belle indolente
Die schöne Träge
La bella perezosa
La Belle Indolente
De mooie luilak

Litho/Lithographie *(Falbalas & Fanfreluches)*

George Barbier

Illustration for Paul Verlaine's *Fêtes Galantes*

Illustration pour les *Fêtes galantes* de Paul Verlaine

Illustration für Paul Verlaines *Fêtes galantes*

Ilustración para *Fêtes galantes* de Paul Verlaine

Illustrazione per *Fêtes galantes* di Paul Verlaine

Illustratie voor *Fêtes galantes* van Paul Verlaine

1928, Litho/Lithographie

George Barbier

Roses in the Night

Roses dans la nuit

Rosen in der Nacht

Rosas por la noche

Rose nella notte

Rozen in de nacht

1921, Serigraph/ Sérigraphie

George Barbier

Dogaresse, Evening Gown by Jenny
Dogaresse, robe du soir de Jenny
Dogaresse, Abendkleid von Jenny
Dogaresse, vestido de noche de Jenny
Dogaresse, abito da sera di Jenny
Dogaresse, avondjurk van Jenny

George Barbier

Farewell at Night (design for a country dress by Paquin)

Adieux dans la nuit (projet pour une robe du soir de Paquin)

Abschied in der Nacht (Entwurf für ein Abendkleid von Paquin)

Despedida por la noche (boceto de un vestido de noche de Paquin)

Addio nella notte (disegno per un abito da sera di Paquin)

Afscheid in de avond (ontwerp voor een avondjurk van Paquin)

Litho/Lithographie

George Barbier

My Guests have not Arrived (woman in a dress by Redfern)

Mes invités ne sont pas arrivés (femme dans une robe de Redfern)

Meine Gäste sind nicht eingetroffen (Frau in einem Kleid von Redfern)

Mis invitados no han llegado (mujer con vestido de Redfern)

I miei ospiti non sono arrivati (donna in un vestito di Redfern)

Mijn gasten zijn niet gekomen (vrouw in een jurk van Redfern)

Serigraph/Sérigraphie

George Barbier

The Purchase

La Poursuite

Das Erworbene

La compra

L'acquisto

De aankoop

Pen, ink and watercolor on paper/Plume, encre et aquarelle sur papier, 33,3 × 24,8 cm

André Édouard Marty (1882–1974)

The Finch's Nest

Le Nid de pinsons

Das Finkennest

El nido de pinzón

Il nido del fringuello

Het vinkennest

1922, Litho/Lithographie (Gazette du Bon Ton)

French School
Girl in extraordinary head-dress
Jeune fille avec une coiffure extraordinaire
Mädchen mit ungewöhnlichem Kopfputz
Joven con cofia extraordinaria
Ragazza con acconciatura insolita
Meisje met opvallende hoed
Post card/Carte postale

French School
Fashion plate depicting a fan made from feathers
Dessin de mode avec un éventail de plumes
Modezeichnung mit einem Fächer aus Federn
Figurín de moda con un abanico de plumas
Disegno di moda con un ventaglio di piume
Modetekening met een waaier van veren
1921, Serigraph/Sérigraphie (*Art – Goût – Beauté*)

George Barbier

The Jealous Parrot
Le perroquet jaloux
Der eifersüchtige Papagei
El papagayo celoso
Il pappagallo geloso
De jaloerse papegaai

1919, Serigraph/Sérigraphie
(*La Guirlande*)

George Barbier

Venus and Adonis
Venus et Adonis
Venus und Adonis
Venus y Adonis
Venere e Adone
Venus en Adonis

Litho/Lithographie

Rageot (René Vincent, 1879–1936)

Bather

Baigneuse

Badende

Bañista

Bagnante

Baadster

1925, Watercolor on paper/Aquarelle sur papier, Musée de Dieppe, Dieppe

American School
Woman with a Golden Statuette
Femme avec statuette dorée
Frau mit goldener Statuette
Mujer con estatuilla dorada
Donna con statuetta dorata
Vrouw met gouden beeldje
1926, Litho/Lithographie

Eric Harald Macbeth Robertson (1887–1941)
Reclining Nude
Nu allongé
Liegender Akt
Desnudo tumbado
Nudo disteso
Liggend naakt

Pen and ink on paper/Crayon et encre sur papier, 36,2 × 57,8 cm

American School
Wealthy Woman Being Served Breakfast in a Fine Mansion
Petit-déjeuner d'une femme riche dans une belle demeure
Das Frühstück einer reichen Frau in einem schönen Haus
Desayuno de una mujer rica en una bella casa
La colazione di una donna ricca in una bella casa
Ontbijt van een rijke vrouw in een mooi huis
1919, Litho/Lithographie

Choisy Le Conin (Franz von Bayros, 1866–1924)

Illustration for Dante's *Divine Comedy*

Illustration pour la *Divine Comédie* de Dante

Illustration für Dantes *Göttliche Komödie*

Ilustración para la *Divina comedia* de Dante

Illustrazione per la *Divina Commedia* di Dante

Illustratie voor Dante's *Goddelijke komedie*

1921, Watercolor on paper/Aquarelle sur papier

Johannes Theodorus 'Jan' Toorop (1858–1928)

Seated female archer

Amazone assise

Sitzende Bogenschützin

Arquera sentada

Arciera seduta

Zittende boogschutster

1922, Charcoal on paper/Pierre noire sur papier, 18 × 11,5 cm

French School

Program for the revue
De la Folie Pure (starring
Glenn Ellyn and inspired
by the film *King Kong*)

Programme de la revue
De la folie pure avec
Glenn Ellyn (inspirée
du film *King Kong*)

Programm der Revue
De la folie pure mit
Glenn Ellyn (vom Film
King Kong inspiriert)

Programa de la revista
De la folie pure con
Glenn Ellyn (inspirada
de la película *King Kong*)

Programma della rivista
De la folie pure con
Glenn Ellyn (ispirata
dal film *King Kong*)

Programmaboekje van
de revue *De la folie
pure* met Glenn Ellyn
(geïnspireerd door
de film *King Kong*)

1929, Litho/Lithographie

French School

The Modern House is a Zinc House, advertisement from the magazine *L'Art Menager*

La maison moderne est la maison du zinc (annonce dans la revue *L'Art ménager*)

Das moderne Haus ist ein Haus aus Zink (Anzeige in der Zeitschrift *L'Art ménager*)

La casa moderna es una casa de cinc (anuncio en la revista *L'Art ménager*)

La casa moderna è una casa di zinco (annuncio nella rivista *L'Art ménager*)

Het moderne huis is een huis van zink (Advertentie in het tijdschrift *L'Art ménager*)

1927, Litho/Lithographie

Design for a hall of the Royal palace in Tirana

Projet pour une chambre dans le palais royal à Tirana

Entwurf für einen Raum im königlichen Palast in Tirana

Boceto para una habitación del palacio real de Tirana

Schizzo per una stanza nel palazzo reale di Tirana

Ontwerp voor een zaal in het koninklijk paleis van Tirana

1939/40, Watercolor/Aquarelle

Marie Louis Süe (1875–1968), André Mare (1885–1932)

| Living room with bay window | Wohnzimmer mit Erker | Salotto con bovindo |
| Séjour avec oriel | Salón con boínder | Woonkamer met erker |

1924 *(Arts de la maison)*

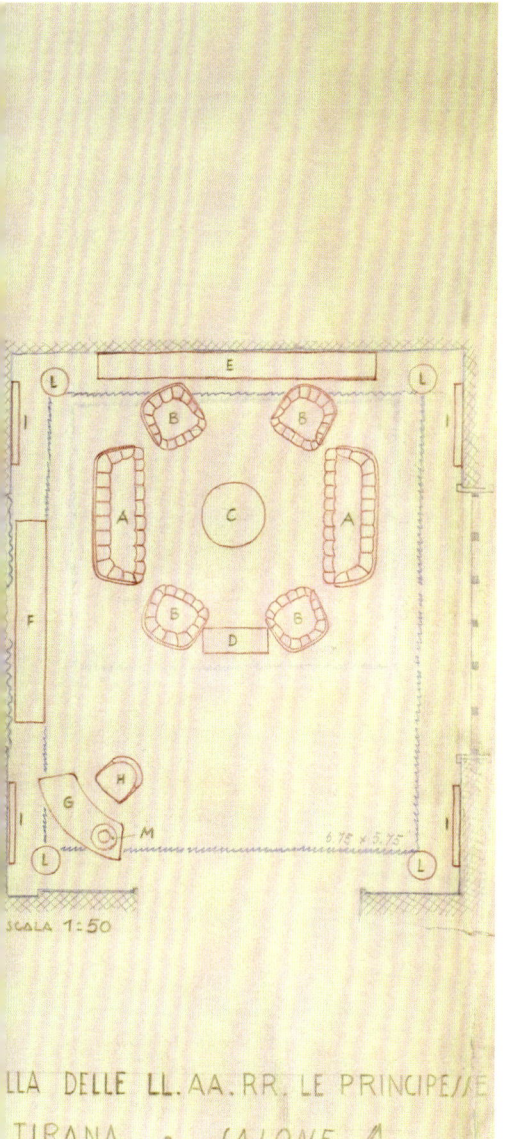

Jacques-Émile Ruhlmann (1879–1933)

Salon

Salón

Salone

1925, Litho/Lithographie *(Répertoire du goût moderne)*

Facade design for a stationer's in Paris

Conception de façade d'une papeterie à Paris

Fassadenentwurf für ein Schreibwarengeschäft in Paris

Diseño de fachada de una papelería en París

Progetto di facciata per una cartoleria a Parigi

Gevelsontwerp voor een papierwinkel in Parijs

Serigraph/Sérigraphie

Facade design for a restaurant in Paris
Conception de façade d'un restaurant à Paris
Fassadenentwurf für ein Restaurant in Paris
Diseño de fachada de un restaurante en París
Progetto di facciata per un ristorante a Parigi
Gevelsontwerp voor een restaurant in Parijs
1927, Litho/Lithographie *(Devantures de boutiques)*

Design for a ceramics showroom
Projet pour un magasin d'exposition de céramiques
Entwurf für einen Verkaufsraum für Keramikprodukte
Diseño para una sala de muestras de cerámicas
Progetto per un showroom per ceramiche
Ontwerp voor een showroom voor keramiek
1927, Litho/Lithographie (Devantures de boutiques)

Facade design for a perfumery in Paris
Conception de façade d'une parfumerie à Paris
Fassadenentwurf für eine Parfümerie in Paris
Diseño de fachada de una perfumería en París
Progetto di facciata per una profumeria a Parigi
Gevelsontwerp voor een parfumerie in Parijs
1927, Litho/Lithographie (Devantures de boutiques)

Facade design for a tailor's shop in Paris
Conception de façade pour un tailleur à Paris
Fassadenentwurf für einen Schneider in Paris
Diseño de fachada para una sastrería en París
Progetto di facciata per una sartoria a Parigi
Gevelsontwerp voor een kleermaker in Parijs
1927, Litho/Lithographie *(Devantures de boutiques)*

An Eye to the Future (advertising of an optometrist)
Un regard sur l'avenir (annonce d'un opticien)
Ein Blick auf die Zukunft (Anzeige eines Augenoptikers)
Vista del futuro (anuncio de un óptico)
Uno sguardo sul futuro (annuncio da un ottico)
Een blik in de toekomst (advertentie van een optometrist)
1936, Litho/Lithographie, Lake County Discovery Museum, Wauconda

Dynamite clears the way for modern engineering wonders!

The Chrysler Building

world's highest structure . . . how DYNAMITE helped to build this mighty skyscraper

THE Chrysler Building . . . towering above New York's amazing skyline . . . looms 1046 feet into the blue. It is the tallest structure ever built by man.

Genius of engineering did it. But the power of dynamite was there . . . working efficiently, quickly, to blast out solid rock so that the giant foundations might be placed.

Dynamite is the ally of the modern engineer. It is the tool without which carefully designed plans for many heroic undertakings would never be more than paper plans.

Skyscrapers. Tunnels through mountains, under rivers and cities. Bridges and highways. Dams and reservoirs. These . . . and numerous other . . . engineering marvels are built with the aid of dynamite. Dynamite digs into the earth and blasts out raw materials used in the making of countless articles we use every day.

Dynamite is more than important to industry . . . it is necessary!

If you would like to learn more about explosives and how to use them . . . if you are searching for the answer to some specific explosives problem . . . simply write direct to the du Pont Company for full information.

The vast knowledge of explosives gained by the du Pont Company in 128 years of making and testing explosives is at your service.

EXPLOSIVES

E. I. DU PONT DE NEMOURS & CO., Inc.   EXPLOSIVES DEPT.   WILMINGTON, DEL.

American School
Dynamite advertisement
Publicité pour la dynamite
Dynamitwerbung
Publicidad para la dinamita
Pubblicità per la dinamita
Dynamietreclame
1930, Litho/Lithographie
(*Du Pont Magazine*),
Hagley Museum & Library, Wilmington

Édouard Bénédictus (1878–1930)
Floral Design
Design floral
Blumendesign
Diseño floral
Disegno floreale
Ontwerp voor bloemdecoratie
1925, Litho/Lithographie *(Treatise on the Illuminating of Stencils)*

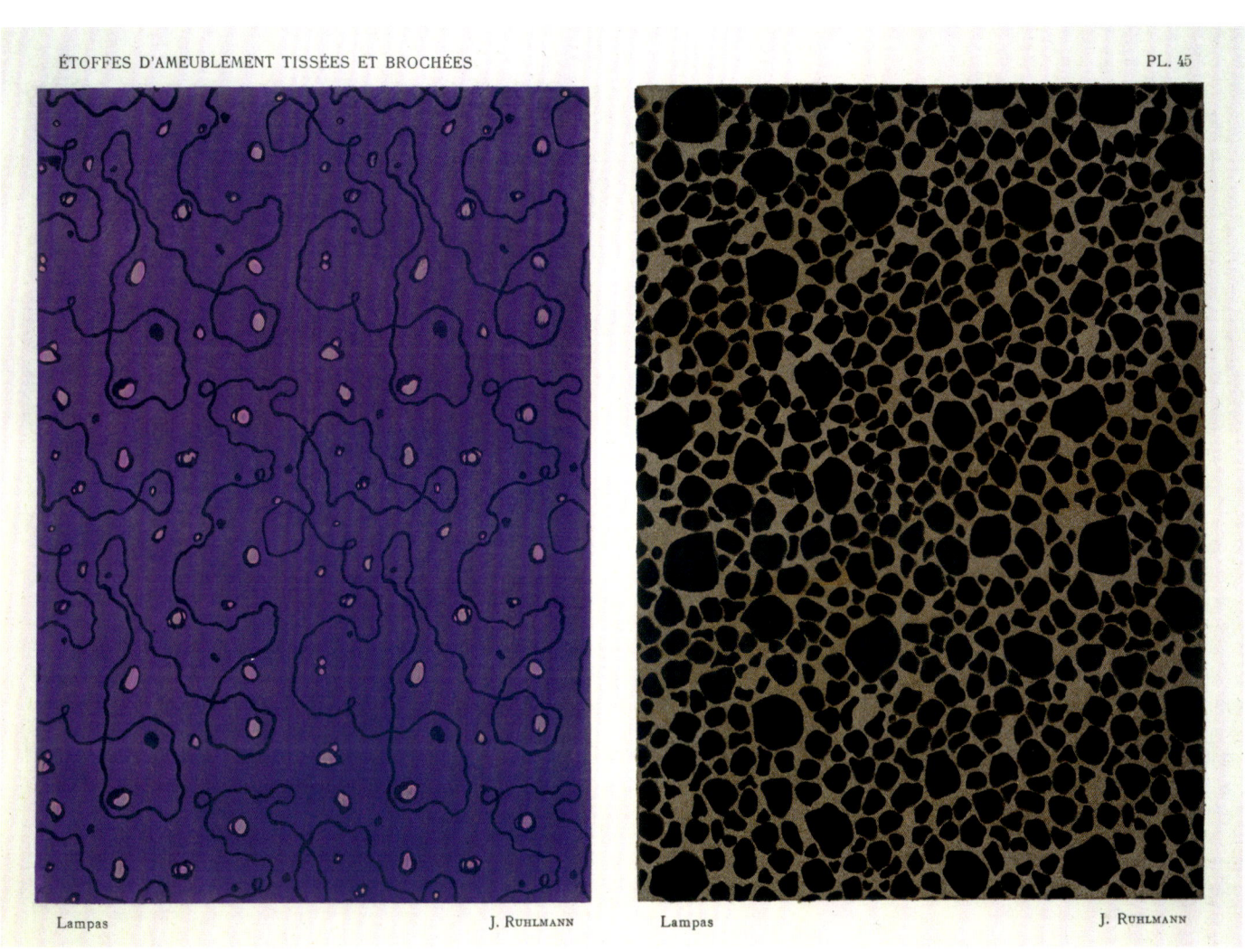

Jacques-Émile Ruhlmann

Lampas

Tissus de lampes

Lampasstoffe

Lampás

Tessuto lampasso

Lampas-stoffen

1925, Litho/Lithographie *(Étoffes d'ameublement tissées et brochées)*

Geometry as a motif in Art Deco

These Dutch designs from the 1930s illustrate typical features of Art Deco carpets, with their large geometric shapes and rather muted, elegant colors. The forms, more than the colors, lean heavily on German Bauhaus design. The adherents of the Bauhaus, like Art Deco, dealt with a synthesis of all arts and crafts, as well as the industrial production of artistic and handicraft products. The Bauhaus focus, however, was on functionalism and utility, with ornamentation and past traditions being rejected. Art Deco, on the other hand, attempted to achieve a synthesis of past and present cultures. This difference can be clearly seen in the differing employment of geometric principles. The Bauhaus propagated a simple and unadorned style, which developed rationally from basic geometrical forms. Art Deco, though, took up the forms and aesthetic concepts of modernity and then integrated them into its extensive repertoire. The decorative character stood in the foreground, with forms being altered arbitrarily.

La Géométrie en tant que motif de l'Art déco

Ces projets néerlandais des années 1930 présentent des caractéristiques typiques du design des tapis de la période Art déco : de grandes formes géométriques et des couleurs plutôt sobres, élégantes. Les formes, plus que les couleurs, sont inspirées par le Bauhaus allemand. L'objectif des partisans du Bauhaus, comme pour l'Art déco, était de faire la synthèse de tous les artisanats et des arts, ainsi que la fabrication industrielle de productions artisanales et artistiques. Cependant, le dépouillement et le fonctionnalisme étaient au premier plan, l'aspect ornemental résultant des époques artistiques passées était rejeté. Dans l'Art déco, au contraire, on essaya de faire la synthèse des cultures du passé et du présent. Cette différence se voit clairement dans l'utilisation des principes géométriques. Le Bauhaus a propagé une conception simple et sans ornement, qui s'est développée de façon rationnelle à partir de formes géométriques de base. L'Art déco s'est quant à lui approprié des formes et concepts esthétiques de la modernité et les a incorporés dans son vaste répertoire de formes. Le caractère décoratif était au premier plan ; les formes étaient modifiées à volonté.

Geometrie als Motiv des Art déco

In diesen niederländischen Entwürfen aus den 1930er-Jahren zeigen sich typische Merkmale des Teppichdesigns des Art déco: große, geometrische Formen und eher gedämpfte, elegante Farben. Die Formen, weniger die Farben, sind an das deutsche Bauhaus angelehnt. Den Anhängern des Bauhauses ging es, vergleichbar dem Art déco, um eine Synthese aller Handwerke und Künste sowie um die industrielle Fertigung künstlerischer und handwerklicher Erzeugnisse. Sachlichkeit und Funktionalismus standen jedoch im Vordergrund, das Ornamentale und aus vergangenen Kunstepochen Übernommene wurde abgelehnt. Im Art déco hingegen versuchte man, eine Synthese vergangener Kulturen und der Gegenwart zu erzielen. Dieser Unterschied ist in der Anwendung geometrischer Prinzipien gut zu erkennen. Das Bauhaus propagierte eine schlichte und ornamentlose Gestaltung, die sich rational aus geometrischen Grundformen heraus entwickelte. Der Art déco jedoch griff die Formen ästhetischer Konzepte der Moderne auf und gliederte sie in sein umfangreiches Formenrepertoire ein. Der dekorative Charakter stand im Vordergrund; man veränderte die Formen beliebig.

Carpet design
Projet de tapis
Teppichentwurf
Boceto para alfombra
Disegno di tappeto
Tapijtontwerp

Watercolor on paper/ Aquarelle sur papier, Museum of Carpet, Kidderminster

Carpet design (*Sylvia* repeat pattern)
Projet de tapis (avec répétition du motif *Sylvia*)
Teppichentwurf (mit Rapportmuster *Sylvia*)
Boceto para alfombra (con diseño *Sylvia*)
Disegno di tappeto (con motivo ripetuto *Sylvia*)
Tapijtontwerp (met herhaalpatroon *Sylvia*)

Watercolor on paper/ Aquarelle sur papier, Museum of Carpet, Kidderminster

La geometría como tema del Art déco

En estes bocetos holandéses de los años 1930 se muestran las características típicas del diseño de alfombras del Art déco: formas grandes y geométricas y colores más bien apagados y elegantes. Las formas, no tanto los colores, vienen inspiradas por la Bauhaus alemana. Los integrantes de la Bauhaus buscaban, de forma parecida a los del Art déco, una síntesis de las disciplinas artísticas y artesanales así como la producción industrial de productos artísticos y artesanos. El funcionalismo y aspecto práctico ocupaban el primer plano, y se rechazó lo ornamental y lo proveniente de períodos artísticos pasados. Por otro lado en el Art déco se tendía a la síntesis de culturas pasadas con el presente. Esta diferencia puede observarse claramente en el uso de los principios geométricos: la Bauhaus promovía un diseño claro y sin ornamentos que se desarrollaba de forma racional a partir de las formas geométricas básicas. El Art déco, sin embargo, adoptó las formas de los conceptos artísticos de la modernidad, organizándolas en un extenso repertorio de formas. El carácter decorativo ocupó el primer plano; las formas podían cambiarse a placer.

La geometria come motivo dell'Art déco

Questi schizzi olandesi degli anni Trenta mostrano caratteristiche tipiche del design dei tappeti Art déco: grandi forme geometriche e colori piuttosto smorzati ed eleganti. Le forme seguono il modello del Bauhaus tedesco, meno i colori. Per i seguaci del Bauhaus si tratta, in confronto all'Art déco, di una sintesi di tutti i tipi di artigianato e arti, oltre che della produzione industriale di oggetti artistici e artigianali. Obiettività e funzionalità si trovano però in primo piano, l'ornamentale e ciò che è stato ripreso dai periodi artistici passati viene rifiutato. Nell'Art déco invece si cercava di ottenere una sintesi delle culture del passato e del presente. Questa differenza si può facilmente riconoscere nell'utilizzo di principi geometrici. Grazie al Bauhaus si diffuse un design semplice e privo di ornamenti, che si sviluppò razionalmente da forme di base geometriche. Tuttavia l'Art déco riprese le forme dei concetti estetici della modernità e le inserì nel suo ampio repertorio di forme. Il carattere decorativo resta in primo piano; si cambiavano le forme a piacere.

Geometrische motieven in de art deco

Deze Nederlandse ontwerpen uit de jaren dertig van de vorige eeuw is typisch voor het art-decodesign: grote, geometrische vormen en gedempte maar toch elegante kleuren. Het zijn eerder de vormen dan de kleuren die aansluiten op de kunst van het Duitse Bauhaus. Net als in de art deco, ging het de volgelingen van de Bauhaus-stijl om een synthese van ambachten en kunsten, en om de industriële massaproductie van kunstzinnig en ambachtelijk ontworpen objecten. Maar daarbij stonden zakelijkheid en functionalisme voorop, en het overnemen van ornamentiek uit eerdere stijlperioden werd afgewezen. In de art deco probeerde men daarentegen een synthese tussen historische en eigentijdse stijlen te bereiken. Dit onderscheid is goed te zien in de toepassing van geometrische principes. Het Bauhaus pleitte voor een eenvoudige en ornamentloze vormgeving, op basis van een rationeel gebruik van geometrische basisvormen. Maar in de art deco werden de esthetische concepten van de moderniteit in een veelzijdige vormentaal opgenomen. Het decoratieve karakter stond daarbij op de voorgrond en men paste deze vormen naar believen aan.

Édouard Bénédictus

Designs from *Relais 1930 – 15 planches donnant 42 motifs décoratifs*
Motifs de *Relais 1930 – 15 planches donnant 42 motifs décoratifs*
Designs aus *Relais 1930 – 15 planches donnant 42 motifs décoratifs*
Diseños de *Relais 1930 – 15 planches donnant 42 motifs décoratifs*
Disegni da *Relais 1930 – 15 planches donnant 42 motifs décoratifs*
Ontwerpen uit *Relais 1930 – 15 planches donnant 42 motifs décoratifs*
1930, Litho/Lithographie

American School

Cruise Ship with Passengers
Bateau de croisière avec des passagers
Kreuzfahrtschiff mit Passagieren
Crucero con pasajeros
Nave da crociera con passeggeri
Cruiseschip met passagiers
1928, Serigraph/Sérigraphie

American School

Fashionable Flapper on Her Way to a Party
Jeune femme à la mode allant à une soirée
Modische junge Frau auf dem Weg zu einer Party
Joven a la moda camino de una fiesta
Giovane donna alla moda andando ad una festa
Modieuze jonge vrouw op weg naar een feestje
1928, Serigraph/Sérigraphie

after/d'après Mich (Jean-Marie Michel Liebeaux, 1881–1923)

Advertisement for Hutchinson bicycle tires

Publicité pour les pneus de bicyclette Hutchinson

Werbung für Hutchinson-Fahrradreifen

Publicidad de neumáticos de bicicleta Hutchinson

Pubblicità per i pneumatici da bicicletta Hutchinson

Advertentie voor Hutchinson-fietsbanden

1937, Color litho/Lithographie en couleur

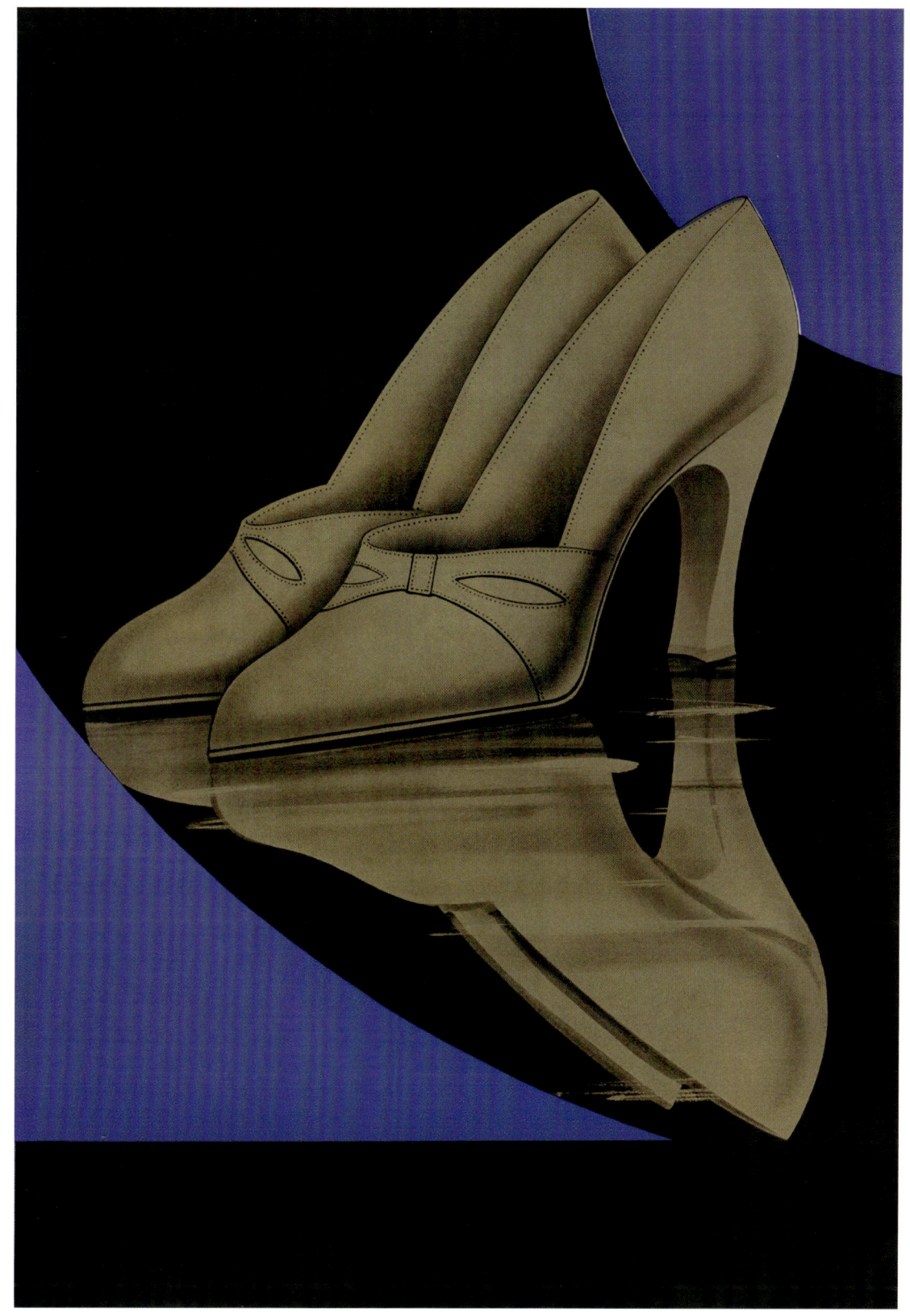

English School
Women's shoe advertisement
Publicité pour de chaussures de femme
Werbung für Damenschuhe
Publicidad de zapatos femeninos
Pubblicità per scarpe da donna
Advertentie voor damesschoenen
c. 1935, Litho/Lithographie
(The Footwear Organiser)

George Sheringham (1884–1937)

The Mabinogion, panel no. 10
Les Mabinogion, panneau nº 10
Das Mabinogion, Tafel 10
El Mabinogion, panel nº 10
Il Mabinogion, pannello n. 10
De Mabinogion, paneel nr. 10

1912, Watercolor and gouache on silk on paper/Aquarelle et gouache sur soie sur papier, 106 × 122 cm

Advertisement for "An An" Fabrics
Publicité pour les tissus « An An »
Werbung für „An An"-Stoffe
Publicidad de los tejidos "An An"
Pubblicità per i tessuti "An An"
Advertentie voor "An An"-stoffen
c. 1930, Poster/Affiche

The modern woman as a commercial motif

This Japanese color lithograph was made by Kasho Tatabatake in 1930. The central motif is a fashionable woman, applying her lipstick in an interior featuring a bear rug and a side table. The woman is a *moga* (short form of *modan gaaru* or "modern girl"), which was an expression for Japanese women who displayed a new, emancipated lifestyle. They appeared also in other countries, where they were called *modeng xiaojie* in China, *kallege ladki* in India, "flappers" in America, "new women" in Germany and *garçonnes* in France. These young urban women, who in Japan came mostly from the working class, were able to earn their livelihood themselves, making them economically and socially independent. Their self-awareness and fashion-consciousness differentiated them from the traditional Japanese ideal of womanhood. Art Deco was very popular in Japan, especially in architecture and design. Advertising also picked up these new, highly decorative motifs and forms.

La Femme moderne comme motif publicitaire

Cette lithographie japonaise a été réalisée par Kasho Tatabatake en 1930. Le motif central est une femme mondaine. Elle se dessine les lèvres dans un intérieur avec un tapis en peau d'ours et une table basse. Cette femme est une *moga* (abréviation de *modan gaaru* ou « fille moderne »). Tel était le nom donné aux femmes japonaises qui suivaient un nouveau mode de vie émancipé. Il y avait également des *moga* dans d'autres pays. On les appelait *modeng xiaojie* en Chine, *kallege ladki* en Inde, *flappers* en Amérique, *neue Frauen* en Allemagne et « garçonnes » en France. Ces jeunes femmes citadines, qui au Japon étaient pour la plupart issues de la classe ouvrière, gagnaient elles-mêmes leur vie, ce qui les rendait économiquement et socialement indépendantes. Leur confiance en elle et leur sens de la mode se démarquaient de l'idéal féminin traditionnel. L'Art déco était très populaire au Japon, en particulier dans les domaines de l'architecture et du design. Même la publicité s'empara avec enthousiasme des nouveaux motifs très décoratifs et des formes.

Die moderne Frau als Werbemotiv

Diese japanische Farblithografie fertigte Kasho Tatabatake im Jahr 1930 an. Zentrales Motiv ist eine mondäne Frau. Sie zieht die Lippen nach, in einem Interieur mit Bärenteppich und Beistelltisch. Diese Frau ist eine *moga* (Kurzform von *modan gaaru* oder *modern girl*). So bezeichnete man japanische Frauen, die einen neuen, emanzipierten Lebensstil pflegten. In anderen Ländern gab es sie ebenfalls: In China wurden sie *modeng xiaojie*, in Indien *kallege ladki*, in Amerika *flappers*, in Deutschland „neue Frauen" und in Frankreich *garçonnes* genannt. Diese jungen städtischen Frauen, die in Japan meist aus der Arbeiterklasse kamen, konnten sich selbst ihren Lebensunterhalt verdienen, was sie wirtschaftlich und sozial unabhängig machte. Ihr Selbst- und Modebewusstsein grenzte sich vom tradierten Frauenideal ab. Art déco war in Japan sehr populär, vor allem in der Architektur und im Design. Auch die Werbung griff die neuen, äußerst dekorativen Motive und Formen begeistert auf.

La mujer moderna como tema en la publicidad

Kasho Tatabatake realizó esta litografía en color en Japón en 1930. El tema principal es la mujer sofisticada. Está pintándose los labios en un interior con alfombra de oso y mesita auxiliar. Esta mujer es una *moga* (abreviatura de *modan gaaru: modern girl*, chica moderna). Así se denominaba a las mujeres japonesas que cultivaban un estilo de vida nuevo y emancipado. También existían en otros países: en China eran las *modeng xiaojie*, en India *kallege ladki*, en América se las conocía como *flappers*, en Alemania *neue Frauen* y en Francia *garçonnes*. Estas mujeres jóvenes y urbanas, en Japón en su mayoría provenientes de la clase trabajadora, podían ganarse la vida por sí mismas, lo que las hacía independientes social y económicamente. Su visión de sí mismas y de su vestimenta se separaba del ideal tradicional. El Art déco era muy popular en Japón, especialmente en la arquitectura y el diseño. También la publicidad se sirvió de manera entusiasta de las nuevas formas y motivos, abiertamente decorativos.

La donna moderna come motivo pubblicitario

Questa litografia a colori giapponese fu realizzata nel 1930 da Kasho Tatabatake. Il tema centrale è la donna mondana. Si ritocca le labbra in un interno arredato con tappeto di pelle d'orso e tavolino. Questa donna è una *moga* (forma breve di *modan gaaru* o "ragazza moderna"). Così si definivano le donne giapponesi che coltivavano un nuovo stile di vita emancipato. C'erano anche in altri paesi: in Cina si chiamavano *modeng xiaojie*, in India *kallege ladki*, in America *flappers*, in Germania *neue Frauen* e in Francia *garçonnes*. Queste giovani donne urbane, che in Giappone provenivano in gran parte dalla classe lavoratrice, erano in grado di guadagnarsi da vivere e quindi divennero economicamente e socialmente indipendenti. La loro sicurezza e consapevolezza della moda le allontanò dall'ideale femminile tradizionale. In Giappone l'Art déco era molto popolare, soprattutto in architettura e design. Anche la pubblicità riprese con entusiasmo i nuovi motivi e forme estremamente decorativi.

De moderne vrouw als reclameobject

Deze Japanse kleurenlithografie werd in 1930 door Kasho Tatabatake vervaardigd. Het hoofdmotief is de mondaine vrouw met rode lippenstift, in een interieur met berenvel en bijzettafel. Dit is een *moga*, de Japanse verkorting van *modan gaaru* of *modern girl*, de term voor de jonge Japanse vrouw die er een nieuwe, geëmancipeerde levensstijl op nahield. Ook in andere landen was de *modern girl* in opkomst: in China de *modeng xiaojie*, in India de *kallege ladki*, in Amerika de *flapper,* in Duitsland de *neue Frau* en in Frankrijk de *garçonne*. Deze jonge en steedse vrouwen, in Japan doorgaans uit de arbeidersklasse, konden in hun eigen levensonderhoud voorzien, wat ze economisch en sociaal onafhankelijk maakte. Hun zelf- en modebewustzijn oversteeg het traditionele ideaal van de vrouw. De art deco was in Japan zeer populair, vooral in de architectuur en het design. Ook in de reclame werden de nieuwe, zeer decoratieve motieven en vormen enthousiast omarmd.

Kasho Tatabatake (1888–1966)
Modern Girl
Jeune fille moderne
Modernes Mädchen
Mujer moderna
Ragazza moderna
Modern meisje
1930, Litho/Lithographie

Japanese Magazine covers · Japanische Zeitschriftentitel · Copertine di riviste giapponese
Couvertures de magazines japonais · Portadas de revistas japonesas · Omslagen van Japanse tijdschriften

1926

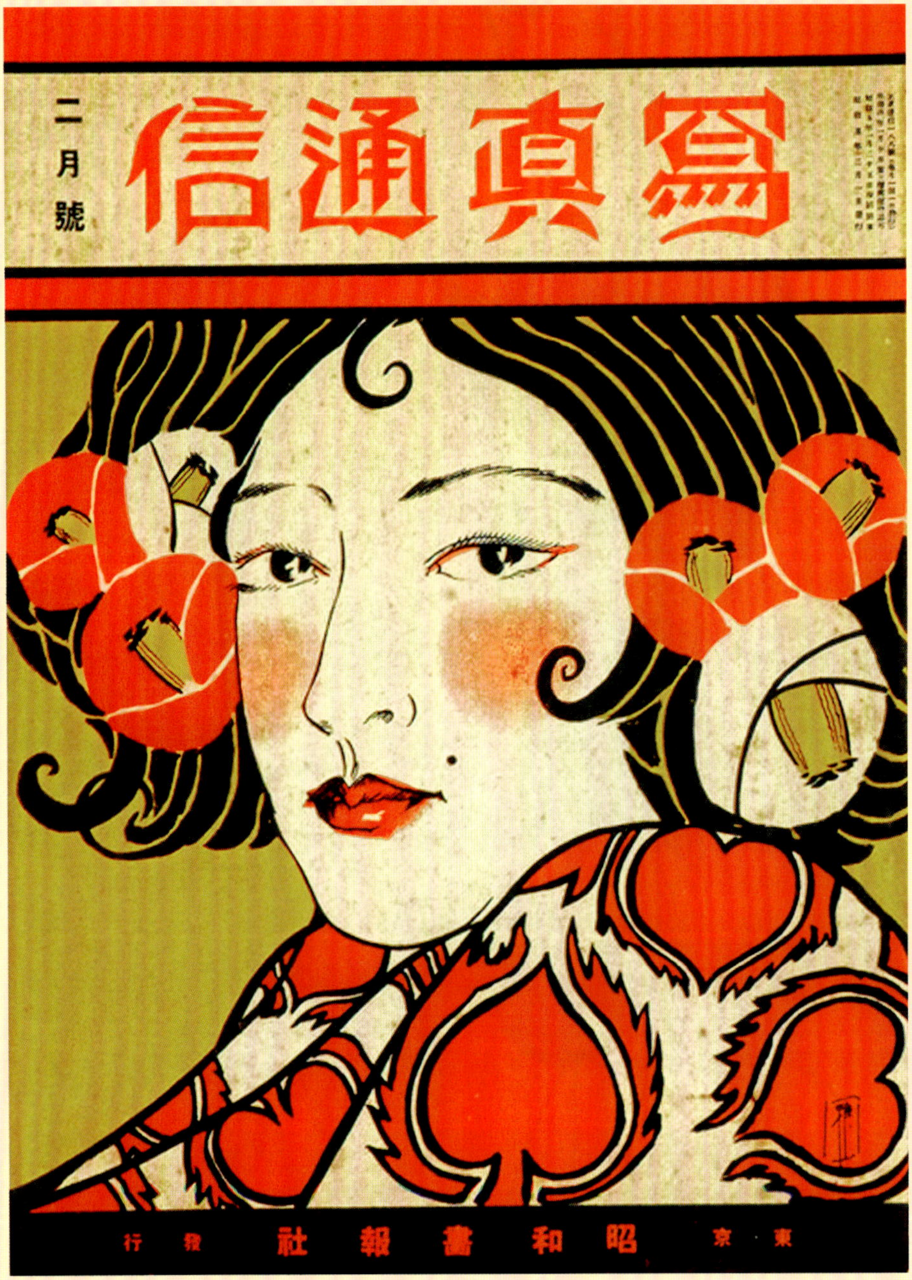

1930

1924

Kiyoshi Kobayakawa (1899–1948)

Modern Girl Dancing

Jeune fille moderne dansant

Tanzendes modernes Mädchen

Mujer moderna bailando

Ragazza moderna che danza

Dansend modern meisje

1932, Woodblock print/Xylographie

Tyra Kleen (1874–1951)
Balinese dance
Danse balinaise
Balinesischer Tanz
Danza balinesa
Danza balinese
Balinese dans
c. 1935

Tyra Kleen
Balinese dance
Danse balinaise
Balinesischer Tanz
Danza balinesa
Danza balinese
Balinese dans
c. 1935

English School

Woman in a window seat
Femme à la fenêtre
Frau in einem Fenster
Mujer en una ventana
Donna alla finestra
Vrouw in een venster
Litho/Lithographie

American School

Patrons at Tables in a Jazz Club

Clients attablés dans un club de jazz

Gäste an den Tischen eines Jazzclubs

Público sentado a la mesa en un club de jazz

Ospiti ai tavoli di un club jazz

Tafeltjes met gasten in een jazzclub

1931, Serigraph/Sérigraphie

English School

Couple kissing on bench
Couple s'embrassant sur un banc
Sich küssendes Paar auf einer Bank
Pareja besándose en un banco
Coppia che si bacia su una panchina
Kussend paar op een bankje
Litho/Lithographie

French School

Afternoon dresses for tea
Robes d'après-midi pour le thé
Nachmittagskleider zum Tee
Vestidos para el té
Abito da pomeriggio per il tè
Middagjurk voor de thee
Litho/Lithographie *(Art – Goût – Beauté)*

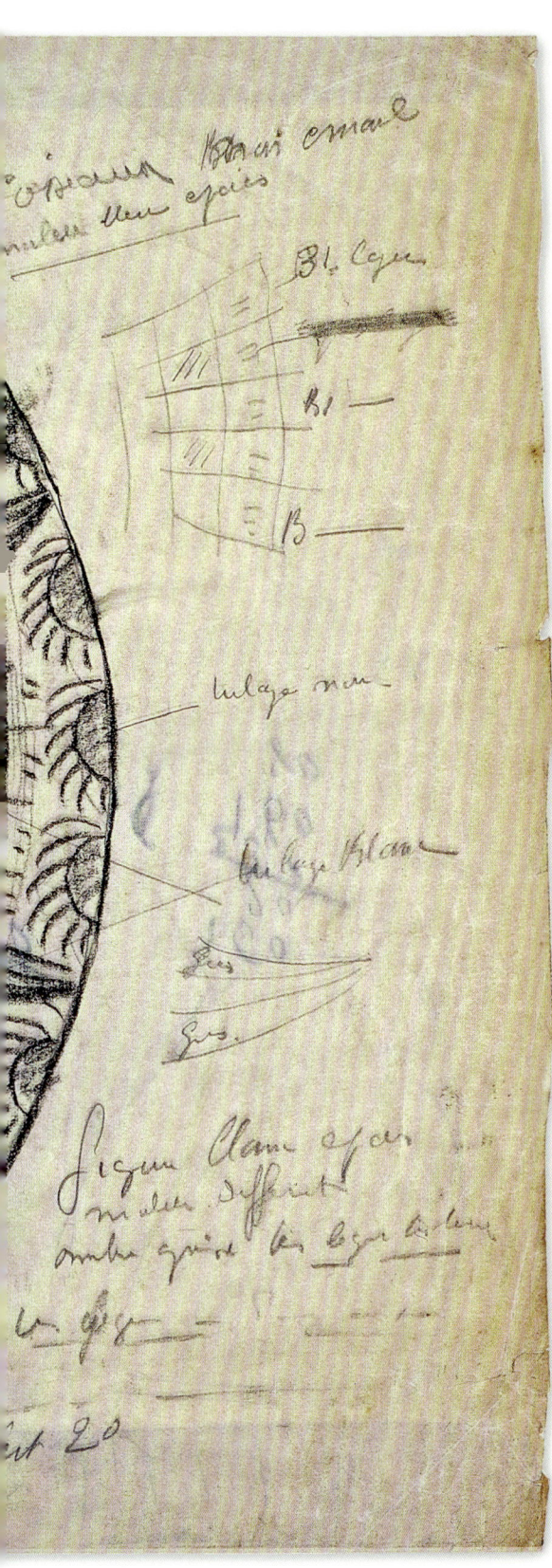

André Metthey (1871–1920)
Preparatory drawing for a ceramic plate decorated with mythological figures
Avant-projet pour un plat en céramique avec figures mythologiques
Vorzeichnung für einen Keramikteller mit mythologischen Figuren
Dibujo preparatorio para un plato de cerámica con figuras mitológicas
Schizzo per un piatto in ceramica con figure mitologiche
Schets voor een keramisch bord met mythologische figuren
Drawing/Dessin

Sculpture

Sculptures

Skulpturen

Esculturas

Sculture

Beeldhouwkunst

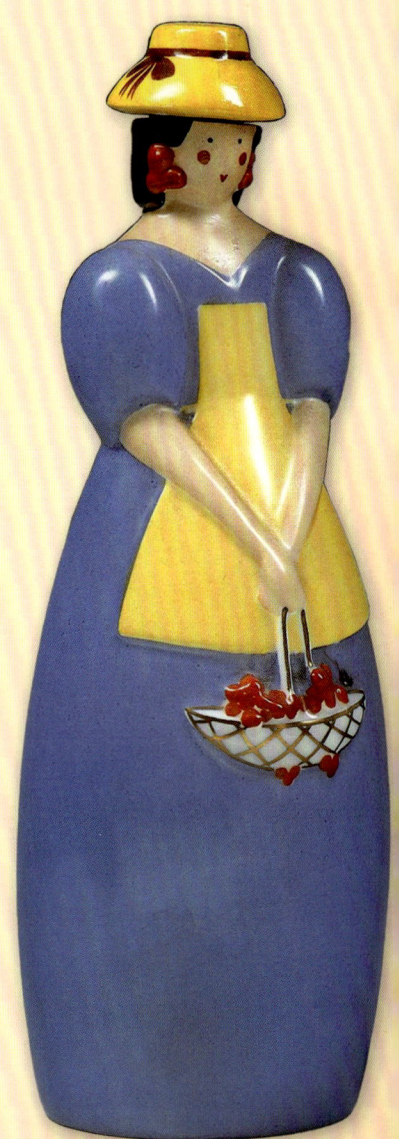

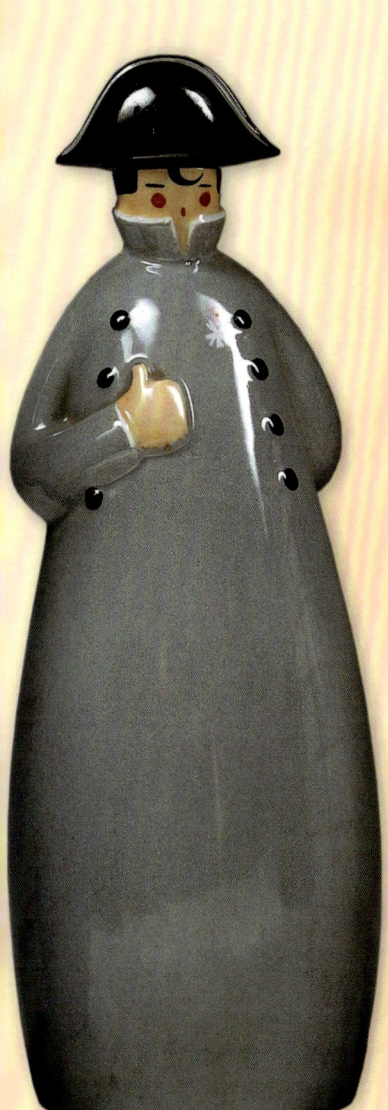

Figurine bottles
Bouteilles figurines
Figurinenflaschen
Botellas con forma de estatuilla
Bottiglie con figurine
Figuurflesjes
Ceramic/Céramique

Joseph Bernard (1866–1931)
Water carrier
Porteuse d'eau
Wasserträgerin
Portadora de agua
Portatrice d'acqua
Waterdraagster
Bronze

Joseph Bernard
Dance
La danse
Der Tanz
Bailando
La danza
De dans
Bronze,

Sculpture

Art Deco's influence was a relatively small one in painting and sculpture, but here, too, parts of the new style may be found. The sculpture of these years tended to be rather small, manageable and decorative, and no longer monumental and imposing. New techniques had an effect here where, for instance, new casting processes made it possible to produce several casts from a bronze relatively easily. Such small pieces, as well as sculpture copies, were particularly well liked in France. One popular motif for figurines was women, whilst animal representations also appealed very much to the public. Parisian department stores produced series of small sculptures which today would be described as kitsch. In the genre of sculpture, beauty could be combined with a practical application and utilised for interior furnishing. In this way, sculptural elements were slipped into many Art Deco objects where, for instance, noble figures carry wonderfully designed lampshades.

Sculptures

L'Art déco s'est relativement peu reflété dans la peinture et la sculpture, bien que l'on puisse tout de même y trouver des éléments de ce nouveau style. Les sculptures de ces années-là sont plutôt petites, pratiques et décoratives et non plus monumentales et représentatives. De nouvelles techniques furent d'une grande utilité : grâce à de nouveaux procédés de coulage, il fut possible d'obtenir plusieurs moulages relativement facilement. Ces petites pièces, ainsi que les copies de sculptures, étaient surtout populaires en France. Les femmes étaient le motif favori des figurines, mais le public appréciait également beaucoup les représentations animales. Les grands magasins parisiens firent même réaliser des séries de petites sculptures que l'ont qualifierait de kitsch aujourd'hui. Dans le domaine de la sculpture, la beauté allait de pair avec l'usage pratique que l'on pouvait en faire en matière de décoration intérieure. Des éléments sculpturaux furent donc incorporés dans de nombreux objets Art déco, des personnages nobles portant de merveilleux abat-jours par exemple.

Skulpturen

Der Art déco schlug sich in der Malerei und der Bildhauerei relativ wenig nieder, doch finden sich auch hier Bestandteile des neuen Stils. Die Skulptur dieser Jahre ist eher klein, handlich und dekorativ, nicht mehr monumental und repräsentativ. Neue Techniken zeigten hier Wirkung: Durch neue Gussverfahren konnte man von einer Bronze relativ einfach mehrere Abgüsse herstellen. Solche kleinen Stücke und auch Skulpturenkopien waren vor allem in Frankreich beliebt. Ein beliebtes Motiv von Figurinen waren Frauen; ebenso sprachen Tierdarstellungen das Publikum sehr an. Pariser Warenhäuser ließen sogar Serien von Kleinplastiken produzieren, die man heute zum Teil als Kitsch bezeichnen würde. Im Genre der Skulptur konnte sich Schönheit mit einer praktischen Anwendung verbinden, was man sich für die Inneneinrichtung zunutze machte. Daher flossen skulpturale Elemente in viele Objekte des Art déco ein, edle Figuren tragen wunderbare Lampenschirme.

Dimitri Chiparus (1888–1950)
Loyal friends
Amitié sincère
Treue Freunde
Amigos fieles
Amici fedeli
Trouwe vrienden
Marble, bronze, ivory/Marbre, bronze, ivoire

Esculturas

El Art déco hizo poca mella en la pintura y la escultura, pero también aquí encontramos aspectos del nuevo estilo. La escultura durante estos años es más bien pequeña, manejable y decorativa, alejándose de lo monumental y figurativo. Las nuevas técnicas abren nuevas posibilidades: gracias a nuevos procesos de vaciado se pueden obtener fácilmente múltiples copias de una escultura en bronce. Estas piezas pequeñas, así como copias de esculturas, eran especialmente apreciadas en Francia. Uno de los temas preferidos de estos figurines eran mujeres, y también las representaciones de animales gustaban al público. Los almacenes parisinos produjeron incluso series de pequeños trabajos en plástico que hoy definiríamos como kitsch. En la disciplina de la escultura la belleza se aunaba fácilmente con un espíritu práctico, lo cual se utilizó especialmente en el diseño de interiores. Por ello los elementos escultóricos aterrizaron en muchos de los objetos del Art déco; nobles figuras sirven de soporte a increíbles lámparas.

Sculture

In pittura e scultura l'Art déco ebbe un'espressione relativamente scarsa, eppure anche qui si trovano elementi del nuovo stile. La scultura di questi anni è piuttosto piccola, maneggevole e decorativa, non più monumentale e rappresentativa. Le nuove tecniche mostrano qui i loro effetti: grazie al nuovo procedimento della colata, da un bronzo si potevano produrre diversi calchi con relativa facilità. Questi piccoli pezzi e anche le copie di sculture erano amate soprattutto in Francia. Un motivo popolare delle figure erano le donne, ma anche le riproduzioni di animali piacevano molto al pubblico. I grandi magazzini parigini fecero persino produrre delle serie di piccole sculture che oggi vengono definite in parte kitsch. Nel genere della scultura la bellezza si poteva collegare all'utilizzo pratico, da cui trasse vantaggio l'arredamento interno. Perciò gli elementi scultorali fluirono in molti oggetti dell'Art déco, in cui eleganti figure portavano meravigliosi paralumi.

Beeldhouwkunst

De art deco had een relatief geringe invloed op de schilder- en beeldhouwkunst, maar zelfs daar waren echo's van de stijl te herkennen. De beeldhouwkunst van deze jaren is eerder klein, handzaam en decoratief dan monumentaal en representatief. Er werden nieuwe technieken ingevoerd, zoals een gietprocédé voor bronzen beeldjes waarmee eenvoudig meerdere afgietsels geproduceerd konden worden. Dit soort kleine kunstwerken en ook kopieën waren in Frankrijk zeer populair. Een geliefd motief was de vrouwenfiguur, maar ook uitbeeldingen van dieren spraken het publiek aan. Parijse warenhuizen lieten hun eigen series van beeldjes produceren, die we tegenwoordig deels als kitsch zouden beschouwen. In de beeldhouwkunst werd schoonheid met functionaliteit verbonden, in toepassingen voor de binnenhuisarchitectuur. Daarbij werden sculpturale elementen in talloze art-deco-objecten opgenomen, zoals in nobele figuren die prachtige lampenkappen droegen.

Claire Jeanne Roberte Colinet (1880–1950)

Corinthian Dancer
Danseuse corinthienne
Korinthische Tänzerin
Bailarina corintia
Ballerina corinzia
Korinthische danseres

1913–39, Bronze, ivory, gold/Bronze, ivoire, or, 55 cm

Dorothea Charol
(1889–1963)
Pierrot
Ceramic/Céramique

ROBJ PARIS

Indian Head (container)

Tête d'Indien (récipient)

Indianerkopf (Behälter)

Cabeza india (envase)

Testa indiana (contenitore)

Indian Head (container)

Ceramic/Céramique

Jean Dunand (1877–1942)

The Totem

Le Totem

Der Totem

El tótem

Il totem

De totem

Lacquered silver and gold/Argent laqué et or

GOLDSCHEIDERSCHE PORZELLAN-MANUFACTUR UND MAJOLICA-FABRIK

Two female heads

Deux têtes de femmes

Zwei Frauenköpfe

Cabezas de mujer

Due teste di donna

Twee vrouwenhoofden

Terracotta/Terre cuite

Pierre le Faguays (1892–1935)

Archer

Amazone

Bogenschütze

Arquero

Arciere

Boogschutster

Bronze, 66 cm

ROBJ PARIS
Spanish dancer
Danseuse espagnole
Spanische Tänzerin
Bailarina española
Ballerina spagnola
Spaanse danseres
1929, Ceramic/Céramique

Nude female
Féminine nue
Weibliche Aktfigur
Desnudo femenino
Nudo femminile
Vrouwelijk naaktfiguur
Ceramic/Céramique

Charles Sargeant Jagger (1885–1934)
Nymph and Satyr
Nymphe et Satyre
Nymphe und Satyr
Ninfa y Sátiro
Ninfe e Satiro
Nimf en Satyr
1930, Bronze, 37 × 15,2 cm

Charles Sargeant Jagger
The Mocking Birds
Les Moqueurs
Die Spottdrosseln
Mímidos
I tordi
De spotvogels
1930, Bronze, 141 × 115,5 cm

Napoleone Martinuzzi (1892-1977)

Ornaments in shape of succulent plants

Ornamente in Form von Sukkulenten

Ornamenti a forma di piante grasse

Ornements en forme de succulentes

Ornamentos en forma de plantas suculentas

Ornamenten in de vorm van vetplanten

Glass/Verre

François Pompon (1855–1933)

Pigeon and *Moorhen*

Pigeon et *Poule d'eau*

Taube und *Teichralle*

Paloma y *Gallineta*

Piccione e *Gallinella d'acqua*

Duif en *Waterhoen*

Bronze

ROSENTHAL

Penguin
Pingouin
Pinguin
Pingüino
Pinguino
Pinguïn

Porcelain/Porcelaine

François Pompon

Girl combing her hair
Jeune fille coiffant ses cheveux
Die Haare kämmendes Mädchen
La jovencita peinándose
Giovane donna che si pettina
Meisje dat zich het haar kamt

Bronze

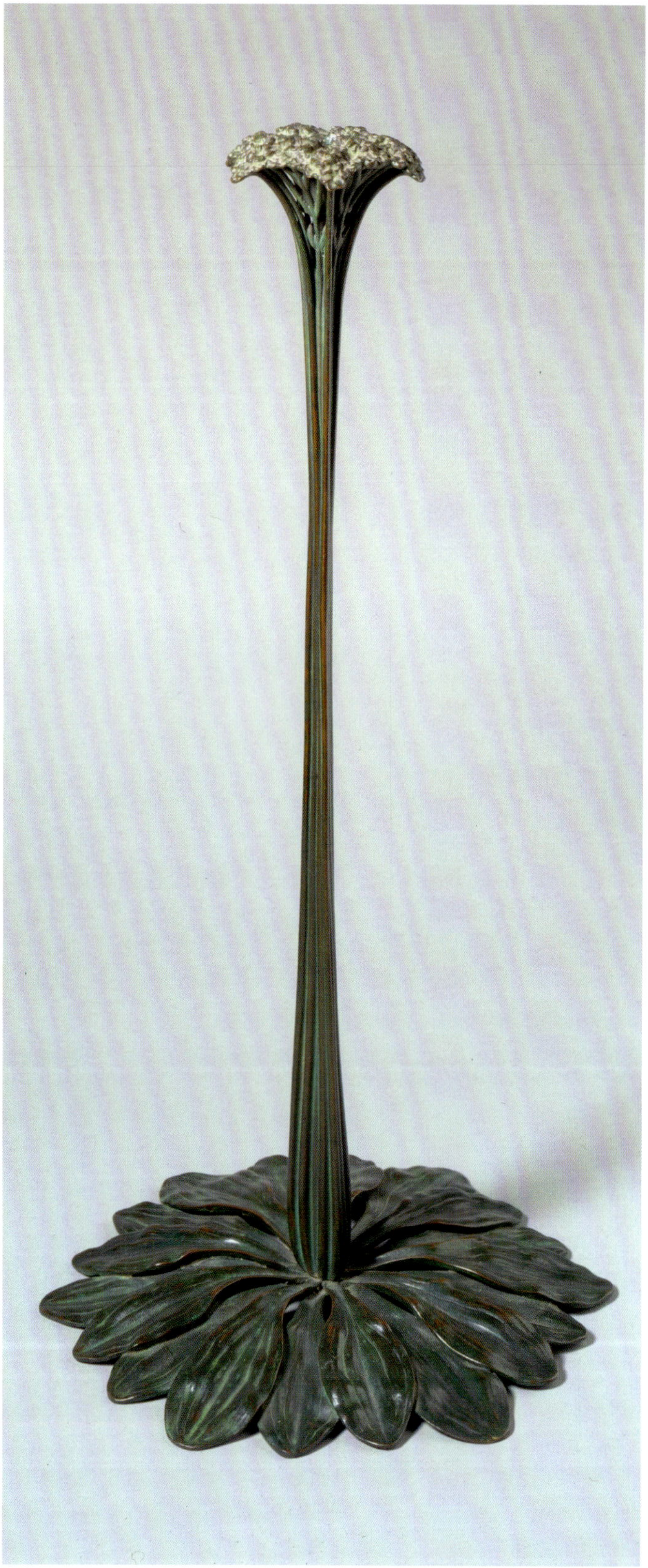

Louis Comfort Tiffany (1848–1933)
Candlestick in the form of a Saxifrage
Chandelier en forme de saxifrage
Kerzenständer in Form eines Steinbrechgewächses
Candelabro en forma de planta saxifraga
Candeliere a forma di sassifraga
Kaarsenstander in de vorm van een steenbreekplant
1902–19, Bronze, 46,4 × 21,6 cm, Saint Louis Art Museum, St. Louis

ZSOLNAY PORCELÁNMANUFAKTÚRA

Maternity
Maternité
Mutterschaft
La maternidad
Maternità
Moederschap
Ceramic/Céramique

Allegory of Spring
Allégorie du printemps
Allegorie des Frühlings
Alegoría de la primavera
Allegoria della primavera
Allegorie van de lente
Ceramic/Céramique

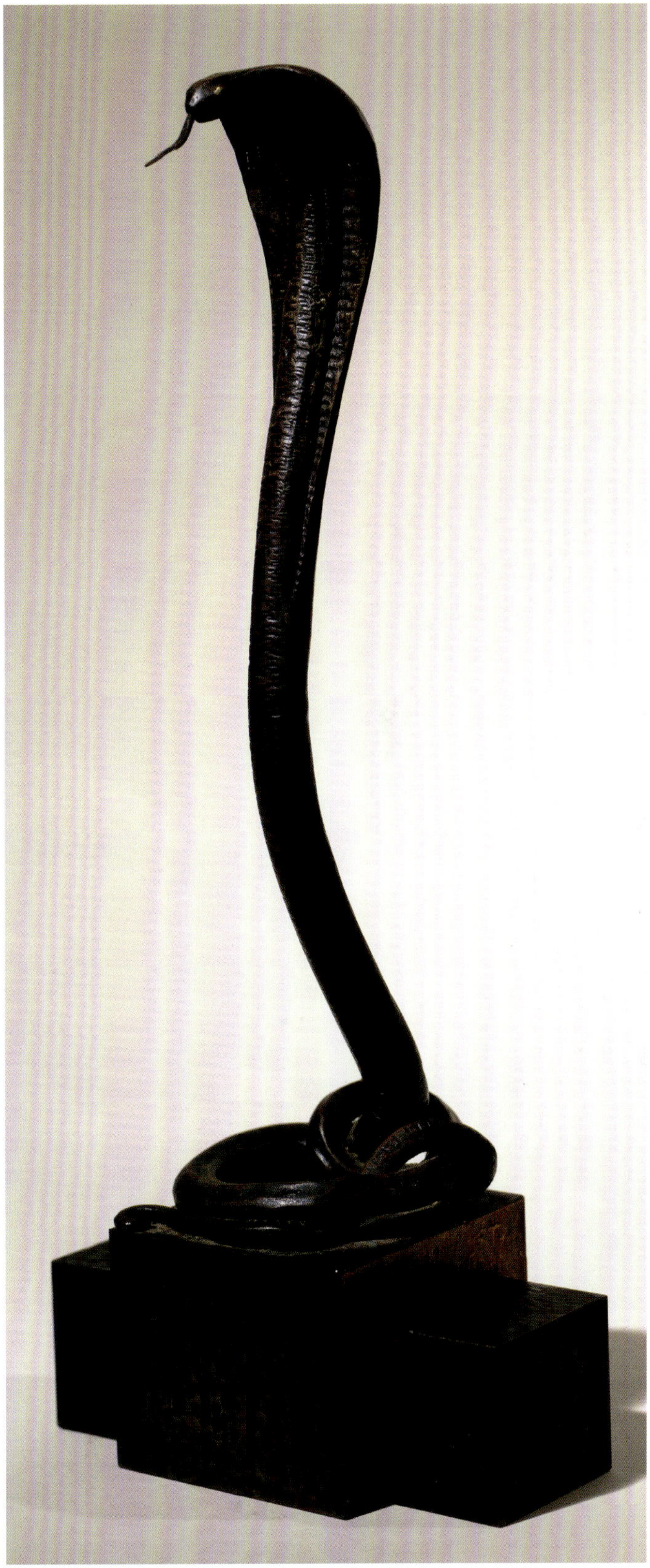

Cobra
Kobra
Wrought iron and gold/Fer forgé et or

Paul Howard Manship (1885–1966)
Prometheus
1934, Gilded bronze/Bronze dorée, c. 550 cm, Rockefeller Center, New York

Heitor da Silva Costa (1873–1947)
Christ the Redeemer
Christ Rédempteur
Christus der Erlöser
Cristo Redentor
Cristo Redentore
Christus de Verlosser
1931, Soapstone on reinforced concrete/Stéatite sur béton armé, c. 30 m, Corcovado, Rio de Janeiro

Furnishings

Le Mobilier

Einrichtungsgegenstände

Elementes de decoración

Oggetti di arredamento

Interieurs

GENERAL ELECTRIC
Radio F-80
c. 1938, Museum of Science and Industry, Chicago

Dagobert Peche (1887-1923)

Mirror
Miroir
Spiegel
Espejo
Specchio
Spiegel

c. 1925, Giltwood/Bois doré, 48 × 46,6 cm

Furnishings

Is an apartment a machine that one has to operate? Or is it a cave into which you can drag your most precious things? Art Deco oscillated between these two extremes of the residential ideal. In the 20th century, interior design was seen as means to realize political or social ideas with salon shows and exhibitions frequently taking place for the presentation of furnishings. At first, the objects shown were very costly because they were made by hand, but they were later produced in larger numbers, as for instance when fulfilling an order from one of the great Parisian department stores. Customers now demanded an intelligent and harmonious set-up, with designers, craftsmen and architects fulfilling this desire by designing entire facilities, including even the carpets which, instead of being treated as a simple utility textile, were seen as an independent work of art. Residential décor utilizing Art Deco is still very popular today and symbolizes a glittering elegance.

Le Mobilier

Un appartement est-il une machine dont on doit se servir, ou une caverne, dans laquelle entasser des objets précieux ? Les idées de l'Art déco sur l'habitat oscillent entre ces deux extrêmes. L'aménagement intérieur fut, au XXᵉ siècle, l'occasion de donner vie à des idées politiques ou sociales. Il y avait de fréquents salons et expositions pour présenter les articles d'ameublement. Au début, les objets présentés étaient très coûteux, car ils étaient fabriqués à la main. Ils furent ensuite produits en plus grand nombre, en partie à la demande des grands magasins parisiens. Les clients exigèrent une mise en scène ayant du sens et harmonieuse, et les concepteurs, artisans et architectes exaucèrent ce souhait en concevant de véritables installations. Les tapis faisaient partie de ces mises en scène. Ils passèrent du rang de simple textile utilitaire à celui d'œuvre d'art à part entière. Les idées sur l'habitat Art déco sont encore aujourd'hui très populaires et synonymes d'élégance chatoyante.

Einrichtungsgegenstände

Ist eine Wohnung eine Maschine, die man bedienen muss? Oder eine Höhle, in die man die kostbarsten Dinge schleppt? Zwischen diesen beiden Extremen oszillierten die Wohnideen des Art déco. Die Inneneinrichtung war gerade im 20. Jahrhundert ein Anlass, politische oder soziale Ideen real werden zu lassen. Häufig fanden Salons und Ausstellungen zur Präsentation von Einrichtungsgegenständen statt. Anfangs waren die gezeigten Objekte sehr kostspielig, weil sie von Hand gefertigt wurden. Später produzierte man sie, etwa im Auftrag der großen Pariser Kaufhäuser, in größerer Zahl. Kunden verlangten nach einer sinnvollen, ja harmonischen Zusammenstellung, und Designer, Handwerker und Architekten kamen diesem Wunsch nach, indem sie ganze Einrichtungen entwarfen. Dazu gehörten auch Teppiche. Statt als einfaches Gebrauchstextil sah man den Teppich nun als eigenständiges Kunstwerk. Wohnideen des Art déco sind auch heute noch sehr beliebt und stehen für schillernde Eleganz.

Perfume spray bottle
Atomiseur de parfum
Parfumzerstäuber
Atomizador
Spray per profumo
Parfumverstuiver
1925–30, Glass/Verre

Perfume spray bottle
Atomiseur de parfum
Parfumzerstäuber
Atomizador
Spray per profumo
Parfumverstuiver
1925–30, Glass/Verre

Elementes de decoración

¿Es una casa una máquina que debe ser manejada? ¿O una cueva en la que acumulamos las cosas más valiosas? La idea de la vivienda del Art déco oscila entre estos dos extremos. El diseño de interiores era, especialmente en el siglo XX, una ocasión para escenificar ideas sociales o políticas. A menudo se celebraban exposiciones o charlas para presentar piezas de mobiliario. En un principio los objetos eran muy caros porque se realizaban a mano. Más tarde se produjeron en masa, por encargo de los grandes almacenes parisinos entre otros. Los clientes buscaban composiciones armónicas y sugerentes, por lo que diseñadores, artesanos y arquitectos trataron de satisfacer este deseo diseñando interiores completos. Las alfombras eran parte de estos: en vez de considerarlas como simple tejido utilitario se las veía como obra de arte autónoma. Las ideas de decoración del Art déco son muy apreciadas todavía hoy en día, y son el prototipo de elegancia reservada.

Oggetti di arredamento

Un appartamento è come un macchinario che si deve manovrare? Oppure una tana dove si conservano le cose più preziose? Tra questi due estremi oscillano le idee abitative dell'Art déco. L'arredamento interno già nel XX secolo era un pretesto per realizzare le idee politiche o sociali. Spesso si svolgevano saloni o esposizioni per la presentazione di oggetti d'arredamento. All'inizio gli oggetti esposti erano molto costosi, perché erano realizzati a mano. In seguito si cominciò a produrli in quantità maggiore, ad esempio su incarico dei grandi magazzini parigini. I clienti richiedevano un assortimento ragionevole ma anche armonioso, e i designer, gli artigiani e gli architetti soddisfarono questo desiderio disegnando intere linee di arredamento, nelle quali si trovavano anche i tappeti. Il tappeto fu visto come un'opera d'arte indipendente, piuttosto che come semplice prodotto tessile d'uso quotidiano. Le idee abitative dell'Art déco sono ancora oggi molto popolari e sono sinonimo di eleganza sfuggente.

Interieurs

Is een woning een machine die bediend moet worden? Of een hol waarin men kostbare dingen opslaat? Tussen deze beide extremen bewogen de woonideeën van de art deco zich heen en weer. Het interieurontwerp werd juist in de vorige eeuw een schouwtoneel voor politieke en sociale ideeën. Salons en tentoonstellingen waarop interieurvoorwerpen werden gepresenteerd, deden van zich spreken. Aanvankelijk bestond het getoonde nog uit kostbare, met de hand gemaakte objecten. Later werden deze vaker als massaproduct vervaardigd, bijvoorbeeld in opdracht van de grote Parijse warenhuizen. De klant verlangde een zinvolle, harmonische eenheid, en ontwerpers, ambachtslieden en architecten speelden op deze eis in door hele interieurs te ontwerpen, met inbegrip van het behangpatroon. In plaats van als gebruiksvoorwerpen beschouwde men vloerbedekkingen en tapijten als kunstwerken. De woonideeën van de art deco zijn ook nu nog zeer geliefd en staan voor het toppunt van elegantie.

BACCARAT
Perfume bottles
Flacons de parfum
Parfumflakons
Botellitas de perfume
Flaconi di profumo
Parfumflesjes
1925, Crystal/Cristal, Musée des Arts décoratifs, Paris

ORREFORS GLASBRUK
Perfume bottles
Flacons de parfum
Parfumflakons
Botellitas de perfume
Flaconi di profumo
Parfumflesjes
1925, Glass/Verre, Musée des Arts décoratifs, Paris

Small bowl with lid
Petit couvercle
Kleine Deckelschale
Tapa de recipiente
Piccola ciotola con coperchio
Schaaltje met deksel
1925–35, Pressed glass/Verre pressé

Perfume spray bottle
Diffuseur de parfum
Parfumzerstäuber
Atomizador de perfume
Spray per profumo
Parfumverstuiver
c. 1935, Glass, chrome/Verre, chrome

BACCARAT
Perfume spray bottle
Diffuseur de parfum
Parfumzerstäuber
Atomizador de perfume
Spray per profumo
Parfumverstuiver
1925–30, Blown glass/Verre soufflé

Perfume spray bottle
Diffuseur de parfum
Parfumzerstäuber
Atomizador de perfume
Spray per profumo
Parfumverstuiver
1925–30, Blown glass/Verre soufflé

FAENZA

Ornaments
Ornements
Ornamente
Decoraciones
Ornamenti
Ornamenten

Ceramic/Céramique

ROBJ PARIS

Liqueur bottles in shape of muscadin, orange seller and Napoleon
Bouteilles d'alcool en forme de personnages : Napoléon, vendeuse d'orange et muscadin
Likörflaschen in Figurenform: Napoleon, Orangenverkäuferin und Muscadin
Botellas de licor con formas de figuras: Napoleón, vendedora de naranjas y muscadin
Bottiglie di liquore a forma di Napoleone, venditrice di arance e moscardino
Likeurfles in de vorm van figuren: Napoleon, sinaasappelverkoopster en muscadin

1928, Ceramic/Céramique

Léon Jallot
(1874–1967)

Eden

Paradis

Edén

c. 1925, Lacquered panels/Lambris laqué

Louis Midavaine
(1888–1978)

The *Bear* Screen

Paravent *L'Ours*

Paravent *Der Bär*

Biombo *El oso*

Paravento *L'orso*

Kamerscherm *De beer*

Jean Dunand

Screen

Paravent

Paravent

Biombo

Paravento

Kamerscherm

Birchwood/Bois de bouleau

Jean Dunand

Screen *Moonlight*

Paravent *Clair de lune*

Paravent *Mondlicht*

Biombo *Luz de luna*

Paravento *Chiaro di luna*

Kamerscherm *Maneschijn*

Wood, lacquered silver screen/Bois, argent laqué

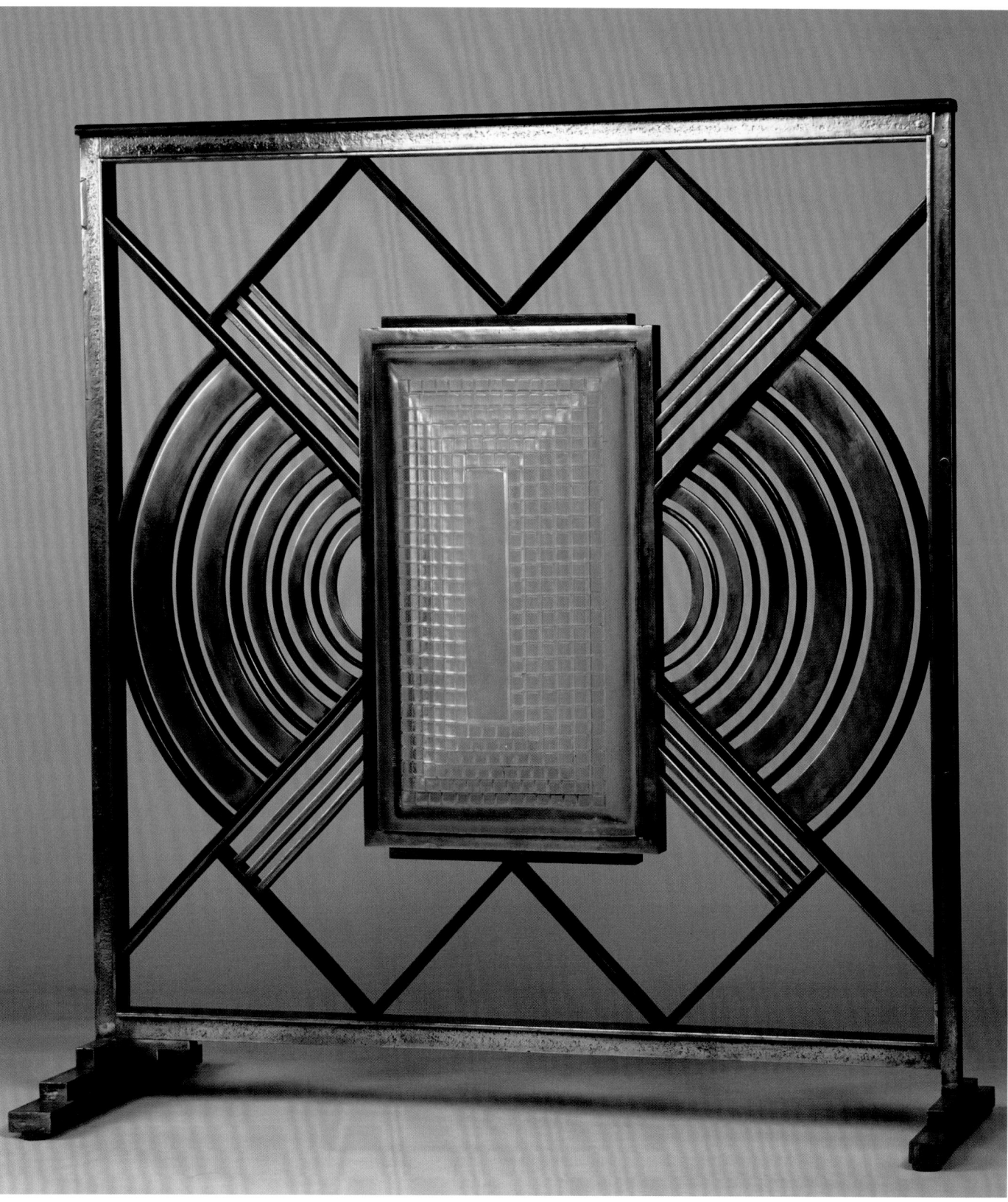

Alarm clock
Réveil
Wecker
Despertador
Sveglia
Wekker

1940, Gold, diamonds, rubies, sapphires/Or, diamant, rubis, saphir

Table clock
Horloge de table
Tischuhr
Reloj de mesa
Orologio da tavolo
Tafelklok

Marble and silver/Marbre et argent

Fire guard
Pare-feu
Kaminschirm
Salvachispas
Parafuoco
Haardscherm

c. 1930, Metal et glass/Métal et verre

Bookends
Serre-livres
Buchstützen
Sujetalibros
Fermalibri
Boekensteunen
Terracotta/Terre cuite

CERAMICHE ROMETTI
Bookends
Serre-livres
Buchstützen
Sujetalibros
Fermalibri
Boekensteunen
Ceramic/Céramique

Six-branched candlestick
Chandelier à six branches
Sechsarmiger Kerzenleuchter
Candelabro de seis brazos
Candelabro a sei braccia
Zesarmige kandelaar
Silver/Argent

André Metthey

Bowl with pedestal

Coupe sur pied

Schale mit Fuß

Bandeja con pies

Ciotola con piedistallo

Schaal met voet

1907–09, Ceramic/ Céramique

Édouard Cazaux (1889–1974)

Bowl

Coupe

Schale

Bol

Ciotola

Schaal

Enameled ceramic/ Céramique émaille, Musée national de Céramique, Sèvres

Plate with hunting scenes
Assiette avec décor de scène de chasse
Teller mit Jagdszenen-Dekor
Plato con escenas de caza
Piatto con decoro di scene di caccia
Bord met jachtscènes
1930–39, Electroplated glass/Verre galvanisé

147

LUDWIG MOSER & SÖHNE

Crystal glass with hollow stem
Coupe en cristal à base creuse
Kristallglas mit hohlem Fuß
Copa de cristal con base hueca
Bicchiere di cristallo con gambo cavo
Kristalglas met holle voet

c. 1925, Glass/Verre

*Gabriel Argy-Rousseau
(1885–1953)*

Cup with small masks
and fans in relief

Coupe avec petits masques
et branches en relief

Schale mit einem
Relief aus kleinen
Masken und Fächern

Bandeja con un
relieve de pequeñas
máscaras y abanicos

Ciotola con piccole
maschere e ventagli
in rilievo

Schaal met een reliëf van
maskertjes en waaiers

c. 1925, Marbled glass/
Verre marbré

PILKINGTON'S ROYAL LANCASTRIAN

Oviform jar and cover

Pot et couvercle ovoïdes

Eiförmiges Deckelgefäß

Recipiente con tapa en forma de huevo

Vaso ovoidale con coperchio

Eivormige pot met deksel

1920, Earthenware/Grès, 24 cm

PAULY & C.

Bell-shaped drinking glass

Verre en forme de cloche

Glockenförmiges
Trinkgefäß

Vaso en forma de campana

Bicchiere a forma
di campana

Klokvormig drinkglas

c. 1925, Glass/Verre

Biscuit tins

Boîtes de pâtisserie

Gebäckdosen

Cajas de galletas

Scatole per biscotti

Koektrommels

c. 1935, Aluminum/
Aluminium

Louis Comfort Tiffany
Tea set
Ensemble de théières
Satz von Teekannen
Juego de té
Set di teiere
Set van theepotten
c. 1925

Liquor decanter
Pot à décanter
Dekantiergefäß
Decantador
Decanter per liquori
Karaf
c. 1925, Crystal/Cristal

Crystal jug
Carafe
Krug
Jarra
Brocca
Kruik
c. 1935, Crystal/Cristal

Kazimir Severinovich Malevich (1878–1935)

Constructivist Teapot

Théière constructiviste

Konstruktivistische Teekanne

Tetera constructivista

Teiera costruttivista

Constructivistische theepot

1923, Porcelain/Porcelaine, The Israel Museum, Jerusalem

English School

Teacup, Saucer and Plate

Tasse à thé, soucoupe et assiette

Teetasse, Untertasse und Teller

Taza de té con platillo y plato

Tazza da tè, piattino e piatto

Theekopje met schotel en schaaltje

1935, Earthenware/Faïence, Harris Museum & Art Gallery, Preston

VENINI & C.

Vittorio Zecchin (1878-1947)

Cista

Ciste

Blown and solid glass/Verre soufflé et massif

Bottle
Bouteille
Flasche
Botella
Bottiglia
Fles
c. 1935, Glass/Verre

Goblet
Coupe
Pokal
Cáliz
Coppa
Bokaal
c. 1935, Glass/Verre

Italian school

Blue glass jar
Bocal en verre bleu
Blaues Glasgefäß
Recipiente en cristal azul
Scatola in vetro blu
Blauwe glazen pot

c. 1935, Electroplated glass/Verre galvanisé

PORCELAINE DE LIMOGES

Vegetable dish
Couvercle
Deckelschale
Sopera
Ciotola con coperchio
Dekselschaal

1925, Porcelain/Porcelaine

Sweet box
Bonbonnière
Bonbonniere
Bombonera
Scatola di caramelle
Bonbonnière

c. 1925, Glass/Verre

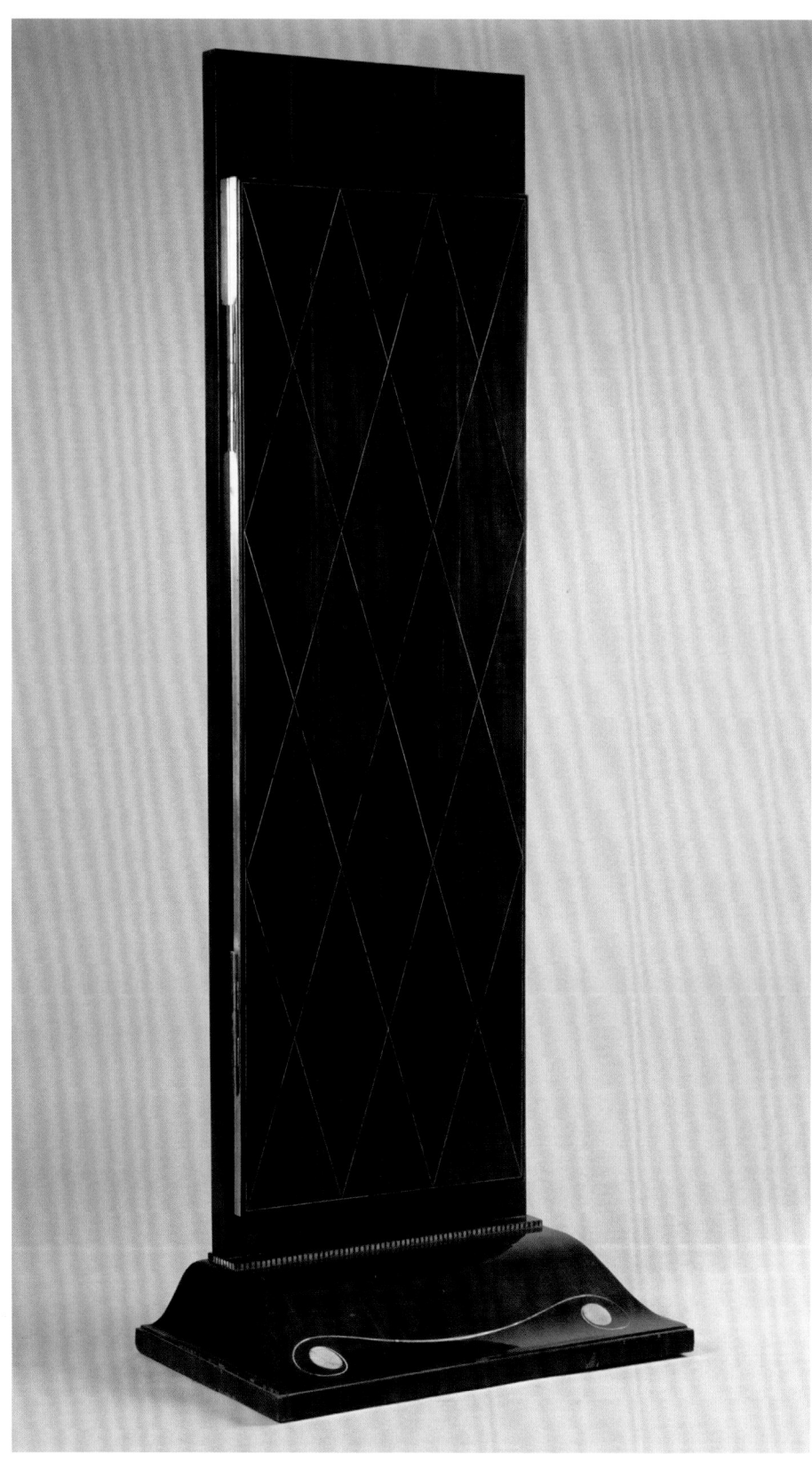

Jacques-Émile Ruhlmann
Cheval glass
Psyché
Standspiegel
Espejo de pie
Specchio a bilico
Staande spiegel
Kingwood, ivory/Bois de violette, ivoire

Vase stand
Pieds de vases
Vasensockel
Soporte de jarrón
Base per vaso
Vaasvoet

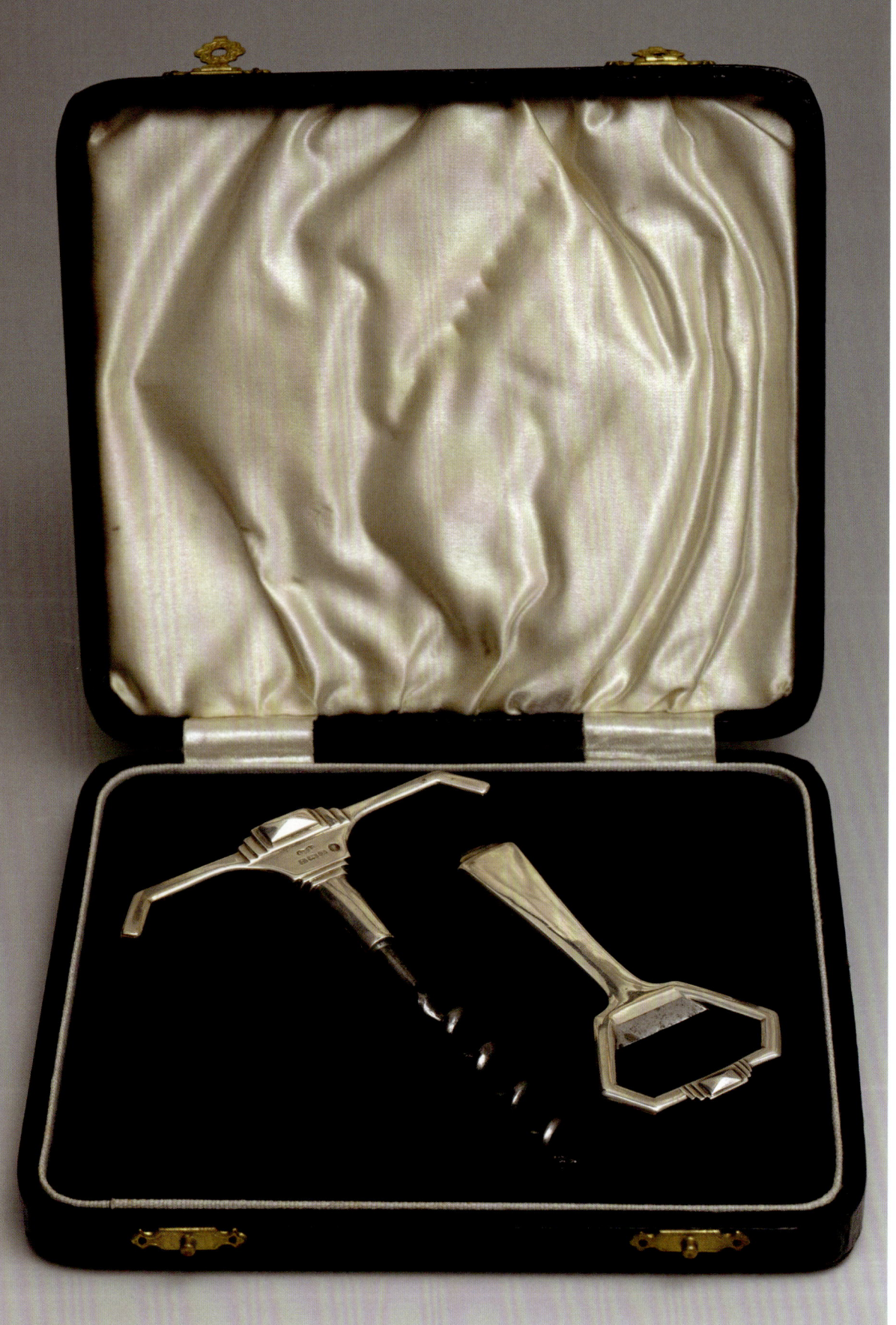

Casket with corkscrew and bottle opener

Écrin avec tire-bouchon et décapsuleur

Schatulle mit Korkenzieher und Flaschenöffner

Estuche con sacacorchos y abrebotellas

Cofanetto con cavatappi e apribottiglie

Kistje met kurkentrekker en flessenopener

1935, Silver/Argent

Tray
Plateau
Tablett
Bandeja
Vassoio
Dienblad
c. 1935, Glass/Verre

Side plate
Petite assiette
Tellerchen
Platillo
Piccolo piatto
Schaaltje
Sheffield plate/
Cuivre argenté

LALIQUE

Ashtray, *Chrysis* car mascot, nude figures and sparrow

Cendrier, bouchon de radiateur *Chrysis*, féminines nues et moineau

Ascher, Kühlerfigur *Chrysis*, Aktfiguren und Spatz

Cenicero, adorno de capó *Chrysis*, desnudos femeninos y gorrioncillo

Portacenere, bouchon de radiateur *Chrysis*, nudi femminili e passerotto

Asbak, motorkapornament *Chrysis*, naaktfiguren en mus

c. 1930, Opalescent glass/Opaline

FENICE ALBISOLA

Jar with wings
Pot avec poignées ailées
Gefäß mit Flügelgriffen
Recipiente con asas
Vasetto con manici ad ali
Vaasje met vleugelhandvaten

c. 1935, Terracotta/Terre cuite, 22 cm

CHARDER

Vase
Vase
Vase
Jarrón
Vaso
Vaas

c. 1920, Glass/Verre

CERAMICA DI ASCOLI PICENO

Vases

Vasen

Jarrones

Vasi

Vazen

c. 1935, Majolica/Majolique

Louis Comfort Tiffany

Vase

Jarrón

Vaso

Vaas

c. 1898-1903, Glass/Verre, 41,1 cm, Saint Louis Art Museum, St. Louis

Louis Comfort Tiffany

Jack in the Pulpit vase

Vase *Arum*

Vase *Aronstab*

Jarrón *Aro*

Vaso *Gigaro*

Vaas *Aronskelk*

1915, Glass/Verre, 49,5 cm

SCHNEIDER
Vase
Jarrón
Vaso
Vaas
1925, Acid-etched glass/Verre gravé

Vase
Jarrón
Vaso
Vaas
c. 1925, Smoked glass/Verre fumé

VENINI & C.
Napoleone Martinuzzi
Vase
Jarrón
Vaso
Vaas
Blown glass/Verre soufflé

Vase
Jarrón
Vaso
Vaas

c. 1925, Glass/Verre

CHARDER / LE VERRE FRANÇAIS

Cameo glass vase
Vase en camée de verre
Vase aus Überfangglas
Jarrón de cristal con camafeo
Vaso in vetro cameo
Vaas van cameoglas

c. 1925, Glass/Verre

LE VERRE FRANÇAIS
Vase with acid etched flowers
Vase à décor floral gravé à l'acide
Vase mit säuregeätztem Blumendekor
Jarrón con decoración floral grabada al ácido
Vaso con decoro floreale acidato
Vaas met zuurgeëtste bloemdecoratie

c. 1925, Glass/Verre

Vase
Jarrón
Vaso
Vaas

c. 1935, Crystal/Cristal

FENICE ALBISOLA

Vase decorated with swallows
Vase avec un décor d'hirondelle
Vase mit Schwalbendekor
Jarrón con decoración de golondrinas
Vaso con decoro di rondini
Vaas met decoratie van zwaluwen

c. 1935, Ceramic/Céramique, 225 cm

Baluster vase decorated with gazelles
Vase balustre à décor gazelle
Balustervase mit Gazellendekor
Florero balaustre con decoración de gacelas
Vaso a balaustra con decoro di gazzelle
Balustervaas met decoratie van gazellen

Majolica/Majolique

Vase decorated with frosted rectangles

Vase avec des rectangles de verre sablé

Vase mit Milchglas-Rechtecken

Jarrón con cuadrados en vidrio opalino

Vaso con rettangoli in vetro opalino

Vaas met rechthoeken van melkglas

Glass/Verre

Vase
Jarrón
Vaso
Vaas
Pulegoso glass/Verre Pulegoso

SCHNEIDER

Vase
Jarrón
Vaso
Vaas
Glass/Verre

Édouard Cazaux

Vase

Jarrón

Vaso

Vaas

Majolica and enamel/Majolique et émail

Vase

Jarrón

Vaso

Vaas

Enamel/Émail

Vase
Jarrón
Vaso
Vaas
Ceramic/Céramique, Nationalmuseet, København

Vase
Jarrón
Vaso
Vaas
Stoneware/Grès

Vase with lid
Vase à couvercle
Deckelvase
Jarrón con tapa
Vaso con coperchio
Vaas met deksel
Enameled ceramic/Céramique émaillée

MANUFACTURE ROYALE DE PORCELAINE DE SÈVRES

Vases
Vases
Vasen
Jarrones
Vasi
Vazen
Ceramic/Céramique

LENCI
Luigi Maria Giorgio Chessa (1898–1935)

Vase

Jarrón

Vaso

Vaas

1930, Ceramic/Céramique

Georges Serre (1889–1956)

Vase

Jarrón

Vaso

Vaas

Ceramic/Céramique

DAUM
Edgar William Brandt (1880–1960)
Sconce
Applique
Wandleuchter
Aplique
Applique
Wandluchter
Silvered bronze and glass/Bronze argenté et verre

DAUM
Edgar William Brandt
Lamp
Lampe
Lampe
Lámpara
Lampada
Lamp
c. 1930, Gilt bronze, glass/Bronze doré, verre

Sconce
Applique
Wandleuchter
Aplique
Applique
Wandluchter
c. 1935, Café Marignan, Paris

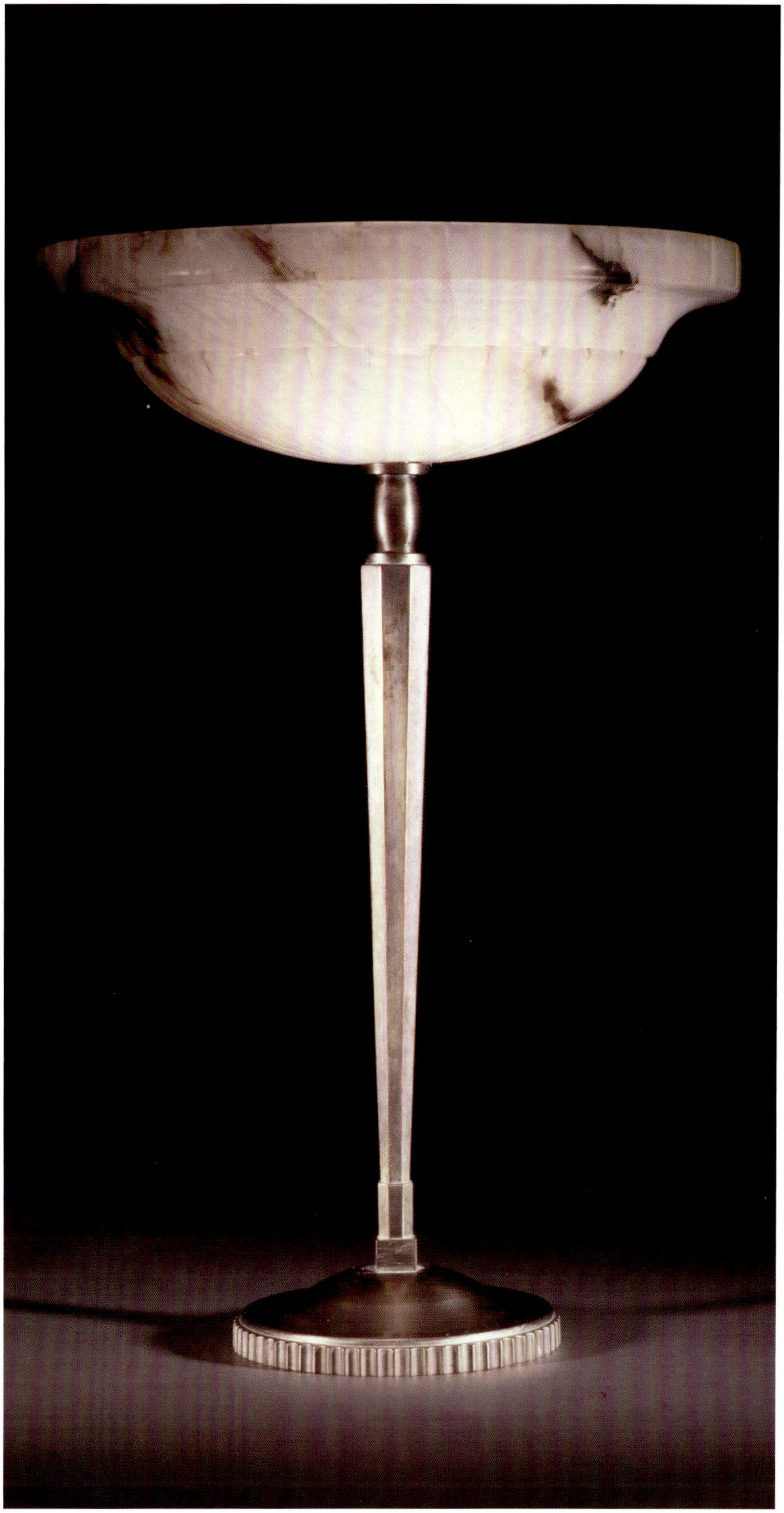

Jacques-Émile Ruhlmann
Table lamp
Lampe de table
Tischlampe
Lámpara de mesa
Lampada da tavolo
Tafellamp
c. 1913, Bronze, silver, glass/Bronze, argent, verre

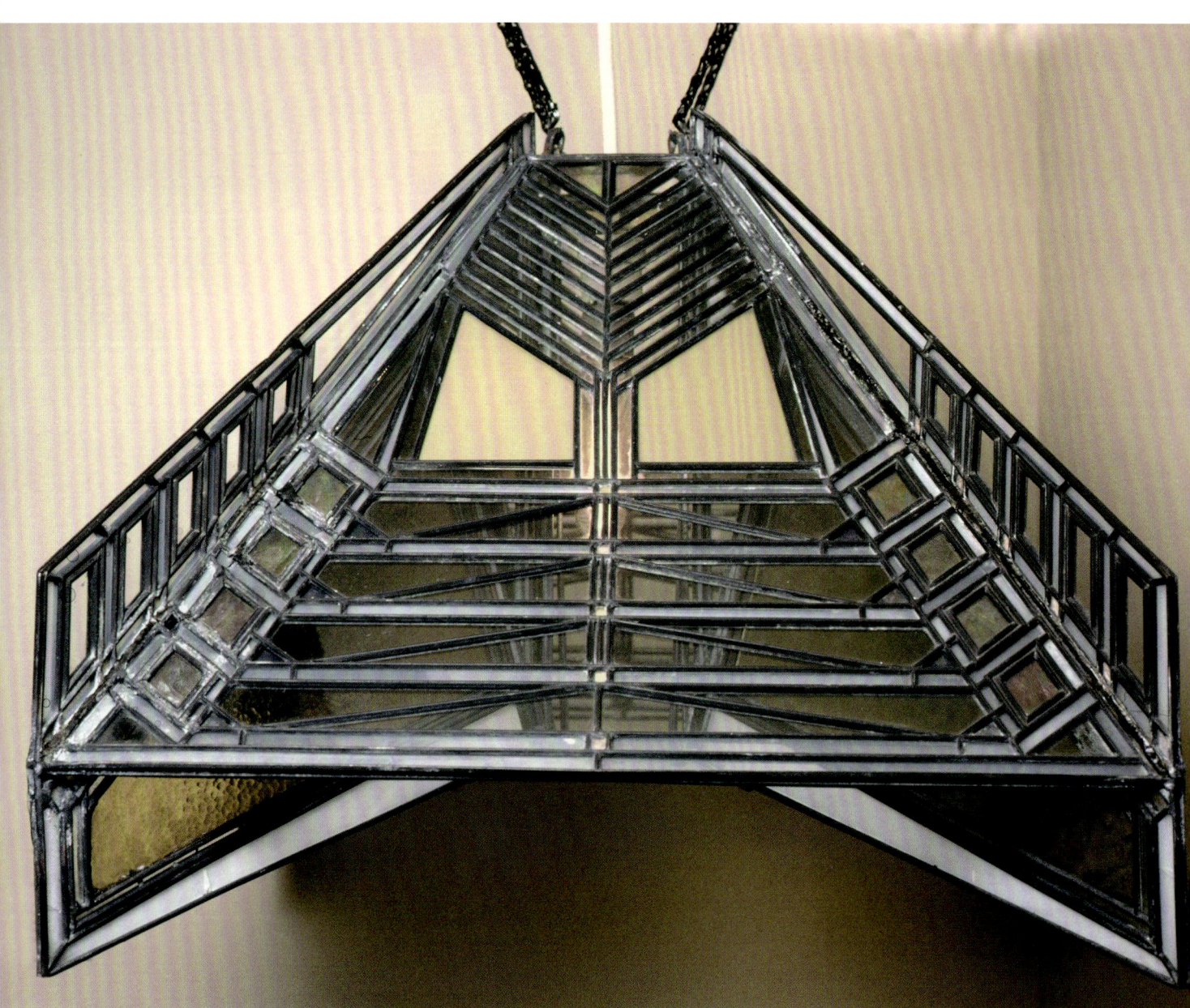

Hanging lamp
Suspension
Hängelampe
Lámpara
Lampadario
Hanglamp
1903, Crystal/Cristal

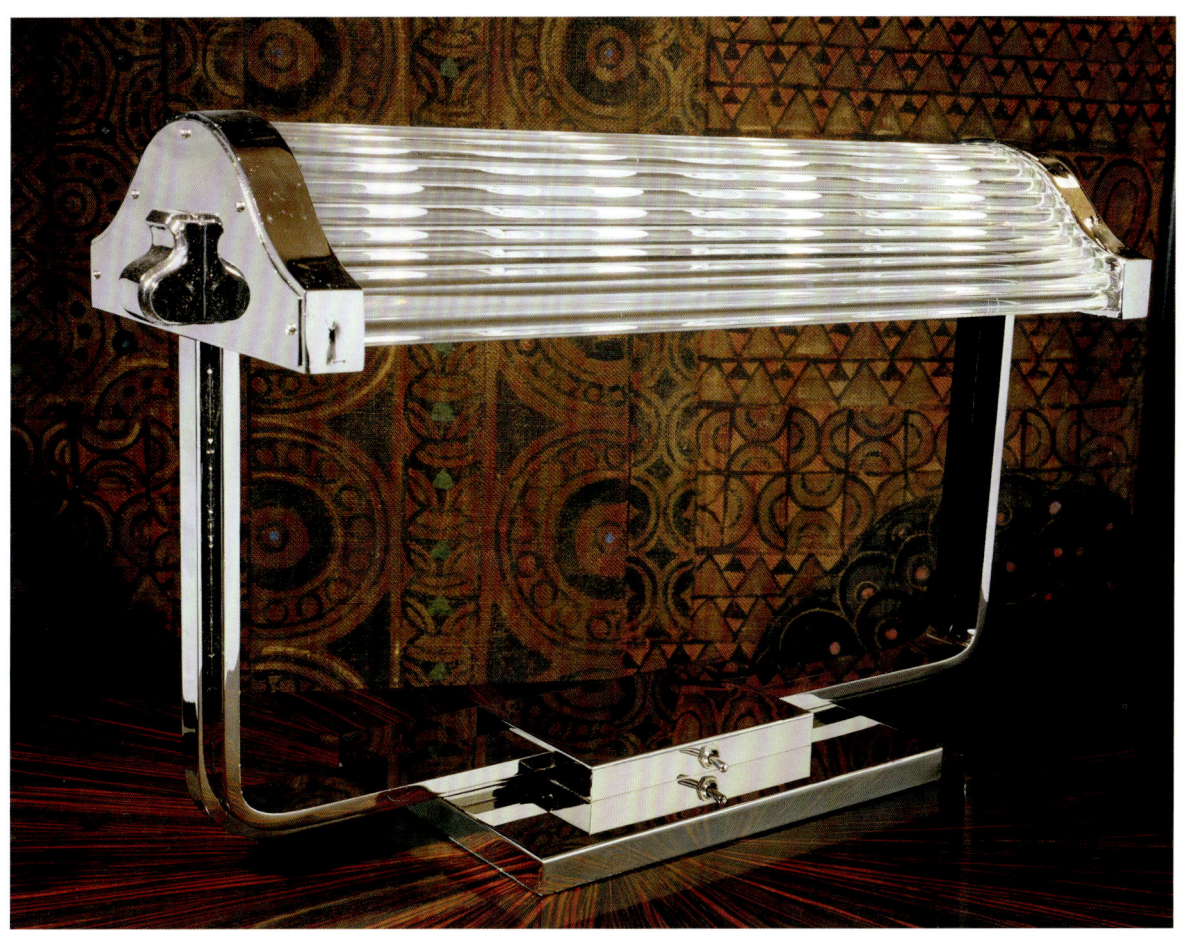

Table lamp from the French ship *Normandie*
Lampe de table du paquebot français *Normandie*
Tischlampe vom französischen Ozeandampfer *Normandie*
Lámpara de mesa del transoceánico *Normandie*
Lampada da tavolo del transatlantico francese *Normandie*
Tafellamp van de Franse oceaanstomer *Normandie*
1925

Jacques-Émile Ruhlmann
Bedroom
Chambre
Schlafzimmer
Dormitorio
Camera da letto
Slaapkamer
1925, Ensembles Mobiliers II

Maurice Matet (1903–1989)
Boudoir
1922, Steel tube, rubber, pigskin/Tube d'acier, caoutchouc, peau de porc

POMONE
Study
Bureau-fumoir
Herrenzimmer
Despacho
Studio
Herenkamer
1937, Pear wood/
Bois du poire, Le Bon
Marché, Paris

*Marcel Guillemard
(1886–1932)*
Dining room
Salle à manger
Speisezimmer
Comedor
Sala da pranzo
Eetkamer
1930, *Ensembles choisis*

**Ronald Fleming
(1896–1968)**

Decorative trade stand
with hanging textile

Stand d'exposition
avec tenture

Messestand mit Vorhang

Puesto de feria
con cortina

Stand da fiera con tenda

Beursstand met draperie

c. 1945, Dorland Hall,
London

**Maurice Matet
(1903–1989)**

Boudoir

1922, Steel tube, rubber,
pigskin/Tube d'acier,
caoutchouc, peau de porc

Lucie Renaudot (?–1939)

Dining room
Salle à manger
Speisezimmer
Comedor
Sala da pranzo
Eetkamer

c. 1937

Roger Bal

Dining Room
Salle à manger
Speisezimmer
Comedor
Sala da pranzo
Eetkamer

1925, *Ensembles mobiliers II*

Henri Lafargue

Fern Bedaux's Bathroom
Salle de bains de Fern Bedaux
Fern Bedauxs Badezimmer
Baño de Fern Bedaux
Stanza da bagno di Fern Bedaux
Badkamer van Fern Bedaux

c. 1927, Château de Candé, Monts

Eugène Vallin (1856–1922), Victor Prouvé (1858–1943)

Charles Masson's dining room
Salle à manger de Charles Masson
Charles Massons Esszimmer
Comedor de Charles Masson
Sala da pranzo di Charles Masson
Eetkamer van Charles Masson

1903–06, Musée de l'École de Nancy, Nancy

RAGUENET & MAILLARD

Children's Playroom aboard the SS *Paris*

Salle de jeux des enfants du *Paris*

Kinderspielzimmer auf der *Paris*

Habitación de juegos en el *Paris*

Stanza dei giochi dei bambini del *Paris*

Kinderspeelkamer op de *Paris*

1921, *Art et décoration*

Art Deco on the world's oceans

This elegant playroom for children was located on the ocean liner *Paris* and was designed by the Paris-based architects Raguenet & Maillard. The *Paris* had already been launched in 1916, but due to the First World War was only finally completed in 1921. In the interior, one can see a transition from art nouveau to Art Deco, corresponding to the lengthy time of completion. Ocean liners were very popular at this time and were already able to accommodate several thousand guests. The French ships were particularly magnificent and, as symbols of national prestige, were supported by the French state both financially and organisationally. This was often most apparent in the interior furnishings of these vessels. Ocean steamers flying under British, American or Japanese flags were also designed in the modern style, to which we now refer as Art Deco and which was perfectly suited to leisure-oriented architecture. These palaces were like a floating exhibition for the style.

L'Art déco sur les océans

Cette élégante salle de jeux pour les enfants se trouvait à bord du paquebot *Paris*, conçu par les architectes parisiens Raguenet & Maillard. La construction du *Paris* s'arrêta en 1916, en raison de la Première Guerre mondiale et il ne fut achevé qu'en 1921. L'intérieur montre une transition de l'Art nouveau à l'Art déco qui correspond à l'époque. Les paquebots, qui pouvaient déjà accueillir plusieurs milliers de personnes, étaient très populaires à cette époque. Les navires français étaient particulièrement splendides. Le gouvernement français soutenait financièrement et de façon organisationnelle l'aménagement intérieur de ces symboles du prestige national. Même les paquebots croisant pavillon britannique, américain ou japonais étaient aménagés dans ce style moderne que nous qualifions aujourd'hui d'Art déco, et qui est parfaitement approprié à l'architecture des loisirs. Ces palais étaient une véritable vitrine flottante de l'Art déco.

Art déco auf den Weltmeeren

Dieses elegante Spielzimmer für Kinder befand sich im Ozeandampfer *Paris*, für dessen Entwurf die Pariser Architekten Raguenet & Maillard verantwortlich zeichneten. Die *Paris* wurde bereits 1916 vom Stapel gelassen, aufgrund des Ersten Weltkriegs allerdings erst 1921 komplettiert. Im Interieur zeigt sich, der Zeit entsprechend, ein Übergang vom Art nouveau zum Art déco. Ozeandampfer, die schon damals mehrere Tausend Gäste beherbergen konnten, waren zu dieser Zeit sehr populär. Die französischen Schiffe waren besonders prächtig. Als Symbol nationalen Prestiges unterstützte der französische Staat vor allem die Inneneinrichtung finanziell und organisatorisch. Auch Ozeandampfer, die etwa unter britischer, amerikanischer oder japanischer Flagge fuhren, wurden in dem modernen Stil gestaltet, den wir heute als Art déco bezeichnen und der sich sehr gut für Freizeitarchitektur eignet. Diese Paläste waren für den Art déco wie eine schwimmende Ausstellung.

RAGUENET & MAILLARD
Georges Leroux (1877–1957)
1st Class Smoking Room of the *SS Paris*
Fumoir des premières classes du *Paris*
Rauchsalon der ersten Klasse der *Paris*
Salón de fumadores de la primera clase en el *Paris*
Salone fumatori della prima classe del *Paris*
Rooksalon eerste klasse op de *Paris*
1925

Library aboard the *SS Normandie*
Bibliothèque du *Normandie*
Bibliothek der *Normandie*
Biblioteca en el *Normandie*
Biblioteca del *Normandie*
Bibliotheek op de *Normandie*
1932

El Art déco por los mares del mundo

Esta elegante sala de juegos para niños se encontraba en el transoceánico *Paris*, de cuyo diseño se encargaron los arquitectos parisinos Raguenet & Maillard. El *Paris* se botó en 1916, pero debido a la Primera Guerra Mundial no se completó hasta 1921. En su interior podemos observar, de acuerdo a su tiempo, la transición del Art nouveau al Art déco. Los transoceánicos, que ya en aquellos tiempos podían albergar varios miles de pasajeros, disfrutaban de gran popularidad en la época, y las naves francesas eran particularmente espléndidas. El Estado francés contribuía económicamente y administrativamente al diseño de interiores, dado su estatus de símbolos del prestigio nacional. También se diseñó el interior de transoceánicos que navegaban bajo bandera británica, americana o japonesa en el estilo moderno que conocemos hoy en día como Art déco y que se presta tanto a arquitectura de espacios de ocio. Estos palacios constituían una suerte de exposición intinerante marítima para el Art déco.

L'Art déco sugli oceani

Questa elegante stanza dei giochi per i bambini si trovava sul transatlantico *Paris*, il cui disegno fu realizzato dagli architetti parigini Raguenet & Maillard. Il *Paris* fu varato già nel 1916, ma a causa della Prima guerra mondiale fu completato soltanto nel 1921. I suoi interni mostrano, in conformità al periodo, una transizione dall'Art nouveau all'Art déco. I transatlantici, che già allora potevano ospitare diverse migliaia di persone, in questo periodo erano molto popolari. Le navi francesi erano particolarmente sfarzose. Come simbolo del prestigio nazionale lo stato francese sovvenzionò soprattutto l'arredamento interno dal punto di vista finanziario e organizzativo. Anche i transatlantici, che battevano bandiera britannica, americana o giapponese, erano progettati nello stile moderno che oggi viene definito Art déco, e si adattavano molto bene all'architettura del tempo libero. Queste regge erano per l'Art déco come una mostra galleggiante.

Art deco op de wereldzeeën

Deze elegante kinderspeelkamer bevond zich op de oceaanstomer *Paris*, waarvan de opbouw en inrichting werden ontworpen door de Parijse architecten Raguenet & Maillard. De *Paris* liep al in 1916 van stapel maar werd vanwege de Eerste Wereldoorlog pas in 1921 voltooid. Overeenkomstig de tijd toont het interieur de overgang van art nouveau naar art deco. Oceaanstomers die destijds al enkele duizenden passagiers konden herbergen, waren in deze tijd zeer populair. Vooral de Franse schepen waren uiterst luxueus. Als symbool van nationaal prestige steunde de Franse staat de inrichting ervan financieel en organisatorisch. Ook oceaanstomers die onder Britse, Amerikaans en Japanse vlag voeren, werden in de "style moderne" ingericht die we nu art deco noemen en die goed paste bij de recreatieve architectuur. Deze drijvende paleizen dienden als ware uithangborden voor de art deco.

René Prou (1889–1947)

Winter garden with aviary

Jardin d'hiver avec volière

Wintergarten mit Voliere

Jardín de invierno con pajarera

Giardino d'inverno con voliera

Wintertuin met volière

C. 1935

Jacques-Émile Ruhlmann
Dining Room
Salle à manger
Speisezimmer
Comedor
Sala da pranzo
Eetkamer
1925, *Ensembles mobiliers II*

DOMINIQUE *(André Domin, 1883–1962/Marcel Genévrière, 1885–1967)*

Living room
Salon
Wohnzimmer
Salón
Soggiorno
Woonkamer

C. 1935

Jules-Émile Leleu (1883–1961)

Living room
Salon
Wohnzimmer
Salón
Soggiorno
Woonkamer

C. 1935

LAHALLE & LEVARD
Lounge
Salon
Wohnzimmer
Salón
Soggiorno
Woonkamer
1930, *Ensembles choisis*

Jacques-Émile Ruhlmann
Lounge
Salon
Wohnzimmer
Salón
Soggiorno
Woonkamer
1930, *Ensembles choisis*

Paris Apartment Bedroom

Chambre à coucher d'un appartement parisien

Schlafzimmer einer Pariser Wohnung

Dormitorio de una casa parisina

Camera da letto di un appartamento parigino

Slaapkamer van een Parijse woning

1930, *Ensembles choisis*

Paris Apartment Living Room

Salon d'un appartement parisien

Wohnzimmer einer Pariser Wohnung

Salón de una casa parisina

Soggiorno di un appartamento parigino

Woonkamer van een Parijse woning

1930, *Ensembles choisis*

Jacques-Émile Ruhlmann
Room with secretary desk
Chambre avec bureau
Zimmer mit Sekretär
Habitación con escritorio
Stanza con scrivania
Kamer met secretaire
c. 1924–26, Serigraph/Sérigraphie

Pavilion of decorative Arts
Pavillon des Arts décoratifs
Pavillon der dekorativen Künste
Pabellón de las Artes decorativas
Padiglione di Arti decorative
Pavillon van decoratieve kunsten

1937, Exposition internationale, Paris

World Expositions

At the 1937 International Exposition in Paris the applied arts put up their own pavilion, the Pavillon des Arts Décoratifs. Here, objects were displayed which would later prove to be characteristic of the style of Art Deco. This world exposition had the theme of "art and technology in modern life" and, in this context, they also presented rural life and folklore. The linking of the useful with the beautiful was intended to promote peace and tranquility between the peoples of the world. 45 countries participated in this expo, with many of the more than 31 million visitors coming from outside of France. The six-month show had a social knock-on effect in that "foreign" and "primitive" were devalued by the ostentatious displays of colonialism at such world expositions. The 1937 show, in particular, presented the glorification of nationalist ideas. Today, expos and trade fairs are held all across the globe and the scenographic design tried out at the world exhibitions of that time can now also be found in many other places such as museums, department stores and bars.

Expositions internationales

Lors de l'Exposition internationale de Paris en 1937, les arts appliqués construisirent leur propre pavillon : le Pavillon des Arts Décoratifs. On y présentait des objets qui s'avérèrent plus tard caractéristiques du style Art déco. Cette exposition mondiale avait pour thème « des arts et des techniques appliquées à la vie moderne ». Dans ce contexte, la vie rurale et le folklore étaient également exposés. Le lien de l'utile avec l'esthétique devait assurer la paix entre les peuples. 45 pays participèrent à l'Expo. Bon nombre des plus de 31 millions de visiteurs vinrent de l'étranger. Elle dura six mois et eut par conséquent un effet de signal social. « L'étranger » et « le primitif » furent toutefois réduits lors de l'exposition à une présentation dans leur contexte colonial. Ainsi, les expositions servaient également le projet impérial et celle de 1937 en particulier servit la glorification des idées nationalistes. Il y a aujourd'hui des expos, des salons et des foires dans le monde entier ; la conception scénographique qui était celle des expositions internationales d'autrefois se décline désormais dans d'autres endroits, tels que les musées, les grands magasins et des bars.

Weltausstellungen

Auf der Weltausstellung 1937 in Paris errichtete man den angewandten Künsten einen eigenen Pavillon: den Pavillon des Arts Décoratifs. Hier wurden Objekte gezeigt, die sich später als charakteristisch für den Stil des Art déco erwiesen. Diese Weltausstellung hatte das Thema „Kunst und Technik im modernen Leben". In diesem Zusammenhang präsentierte man auch ländliches Leben und Folklore. Die Verbindung des Nützlichen mit dem Schönen sollte unter den Völkern für Frieden sorgen. 45 Länder nahmen an der Ausstellung teil. Viele der mehr als 31 Millionen Besucher und Besucherinnen kamen aus dem Ausland. Die sechsmonatige Schau hatte daher eine gesellschaftliche Signalwirkung. „Fremdes" und „Primitives" wurden bei solchen Weltausstellungen allerdings durch die koloniale Zurschaustellung abgewertet. Daher dienten die Schauen immer auch dem imperialen Projekt und die Expo 1937 besonders der Verherrlichung nationalistischer Ideen. Expos und Messen gibt es heute weltweit; die auf den damaligen Weltausstellungen erprobte szenografische Gestaltung findet man nun auch an anderen Orten wie Museen, Kaufhäusern und Bars.

Pavilion of plastics
Pavillon des matières plastiques
Pavillon der Kunststoffe
Pabellón de los materiales plásticos
Padiglione di materie plastiche
Pavillon van de kunststoffen

1937, Exposition internationale, Paris

René Coulon (1908–1997)
Pavillon Saint-Gobain
1937, Exposition internationale, Paris

Exposiciones universales

En la Exposición Internacional de París de 1937 se construyó un pabellón propio para las artes decorativas: el Pavillon des Arts Décoratifs. Aquí se mostraron objetos que después serían considerados característicos del Art déco. La exposición tenía el tema "arte y técnica en la vida moderna". En este contexto se consideraban también la vida campestre y el folklore. La conexión de lo práctico con lo bello sería la garantía de la paz entre los pueblos. En esta exposición participaron 45 países, y muchos de sus más de 31 millones de visitantes vinieron del extranjero. La muestra, de seis meses, servía por tanto también para enviar mensajes a la sociedad. Lo "foráneo" y "primitivo" se trataban como inferiores en estas exposiciones, a través de la exhibición colonial, lo que hacía que sirvieran de apoyo al proyecto imperialista y, particularmente en el caso de 1937, a la glorificación de ideas nacionalistas. También hoy en día hay exposiciones universales, museos y exhibiciones; podemos encontrar el diseño escenográfico con el que se experimentó en aquellas exposiciones en la base de muchos museos, almacenes, bares y otros lugares hoy en día.

Esposizioni mondiali

All'Esposizione Internazionale di Parigi del 1937 fu costruito un padiglione delle arti applicate: il Pavillon des Arts Décoratifs. Qui furono esposti oggetti che più tardi si dimostrarono caratteristici dello stile Art déco. Il tema di questa esposizione mondiale era "Arte e tecnica nella vita moderna". A questo proposito furono presentati anche la vita rurale e il folklore. L'unione dell'utile con il dilettevole doveva provvedere alla pace tra i popoli. All'esposizione parteciparono 45 nazioni. Molti dei più di 31 milioni di visitatori arrivavano dall'estero. La mostra della durata di sei mesi ebbe perciò un effetto di richiamo sociale. Lo "straniero" e il "primitivo" in tali esposizioni mondiali furono però sminuiti a causa delle esibizioni coloniali. Perciò le mostre servivano sempre anche al progetto imperiale, e la mostra del 1937 in particolare all'esaltazione delle idee nazionalistiche. Oggi si svolgono in tutto il mondo expo e fiere; il progetto scenografico basato sulle mostre di allora si trova anche in altri luoghi come musei, grandi magazzini e bar.

Wereldtentoonstellingen

Op de Wereldtentoonstelling van 1937 in Paris werd een apart paviljoen gewijd aan de toegepaste kunsten: het Pavillon des Arts Décoratifs. Hier werden voorwerpen getoond die later als kenmerkend voor de art-decostijl werden beschouwd. Deze Wereldtentoonstelling had als thema "Kunst en techniek in het moderne leven", en onder die noemer werden ook trends van het platteland en de folklore voorgesteld. Aan de Wereldtentoonstelling namen 45 landen deel en de getoonde combinatie van kunst en functionaliteit moest tot vrede tussen de volken leiden; veel van de ruim 31 miljoen bezoekers kwamen uit het buitenland, waardoor de expositie, die een half jaar duurde, een grote maatschappelijke uitstraling had. Maar op dit soort exposities werd ook het "vreemde" en "primitieve" op koloniale en pejoratieve wijze gepresenteerd, waardoor ze tegelijk dienden als schouwtoneel voor imperiale ambities en, met name de expositie van 1937, nationalistische verheerlijking. Niet alleen internationale expo's en internationale beurzen maar ook musea, warenhuizen en cafés steunen ook nu nog op de destijds geënsceneerde opzet.

Restaurant Le Grand Vatel, Paris

c. 1935

Joachim Richard (1869–1960)
Brasserie La Maxéville, Paris
1924–33

Brasserie Restaurant Les Sports, Paris

c. 1935

Brasserie Restaurant Les Sports, Paris

c. 1935

RÉPERTOIRE DU GOUT MODERNE. — V. Pl. 31

BUREAU-SALON
par J. Ruhlmann

Jacques-Émile Ruhlmann

Study
Bureau-Salon
Arbeitszimmer
Despacho
Stanza da lavoro
Werkkamer

1929, *Répertoire du goût moderne*

Gertrud Kleinhempel (1875–1948)

Entrance Hall and Stairs
Hall d'entrée et escalier
Eingangshalle und Treppe
Vestíbulo y escalera
Entrata e scala
Ingangshal en trap

c. 1928

Furniture

Meubles

Möbel

Muebles

Mobili

Meubels

Leonetto Cappiello (1875–1942) & André Groult (1884–1966)

"Salon aux perroquets": Canape

« Salon aux perroquets » : canapé

„Salon aux perroquets": Kanapee

"Salon aux perroquets": Canapé

"Salon aux perroquets": Canapè

"Salon aux perroquets": Canapé

Beechwood/Bois de hêtre

Leonetto Cappiello & André Groult

"Salon aux perroquets": firescreen

« Salon aux perroquets » : pare-feu tapissé

„Salon aux perroquets": Kaminschirm

"Salon aux perroquets": salvachispas

"Salon aux perroquets": parafuoco

"Salon aux perroquets": haardscherm

Beechwood/Bois de hêtre

Leonetto Cappiello

"Salon aux perroquets": preparatory drawing for a backrest

« Salon aux perroquets » : dessin pour le tissu d'un dossier de siège

„Salon aux perroquets": Vorzeichnung für eine Stuhllehne

„Salon aux perroquets": dibujo preparatorio para el respaldo de una silla

"Salon aux perroquets": Schizzo per schienale di una sedia

"Salon aux perroquets": Schets voor een stoelleuning

Gouache

Furniture

Furniture is like architecture in miniature, and the furniture of the Art Deco shows the range of this exciting time. Some articles take up a lot of space, whereas others are daintier, but their often curved or streamlined forms rarely fail to attract attention. Functionality remained a constant, with sophisticated hand-made pieces of furniture which at first glance hardly differ from industrial products. This undoubtedly underscores the high quality of design and the manufacturing methods. The development and execution of design ideas had previously been achieved in Europe using its many workshops and artistic associations, but now, even for exclusive items, machines were increasingly being used. As with other disciplines within the genre, the furniture designers of Art Deco attempted to combine as many different exotic materials as possible into a "modern" whole, with the spectrum ranging from sharkskin to plywood. Wood from the colonies was also very popular.

Meubles

Les meubles sont de petits édifices et le mobilier Art déco témoigne de l'étendue de la gamme de cette époque passionnante. Ils occupent parfois beaucoup d'espace, ou peuvent aussi être délicats. Mais ils attirent toujours l'attention avec leurs formes, souvent galbées ou simplifiées. Ils sont avant tout fonctionnels. À première vue, les meubles sophistiqués fabriqués à la main ne se distinguent guère de la production industrielle. Cela prouve sans aucun doute la qualité des méthodes de conception et de fabrication. Des contacts étroits avaient été noués en amont avec de nombreux ateliers et fédérations d'artisans pour développer et réaliser les idées de conception. Puis on se tourna ensuite de façon de plus en plus exclusive ver la production mécanique. Comme dans d'autres genres, on essaya, dans la fabrication des meubles Art déco, d'associer un maximum de matériaux, si possible exotiques, à un tout d'aspect « moderne » ; l'éventail allait du galuchat au contreplaqué. Les bois des colonies étaient également très populaires.

Möbel

Möbel sind wie kleine Architekturen, und die Möbel des Art déco zeigen die Bandbreite dieser aufregenden Zeit. Sie nehmen teils viel Platz ein, teils sind sie zierlicher. Stets aber erregen sie mit ihren oft geschwungenen oder stromlinienförmigen Formen Aufmerksamkeit. Dabei bleiben sie immer funktional. Anspruchsvolle handgefertigte Möbelstücke unterscheiden sich auf den ersten Blick kaum von solchen aus industrieller Produktion. Das spricht zweifellos für die hohe Qualität des Designs und der Fertigungsmethoden. Zur Entwicklung und Ausführung von Designideen hatte man in Europa zuvor in vielen Werkstätten und Werkbünden zusammengearbeitet. Nun setzt man selbst für Exklusives zunehmend auf die maschinelle Produktion. Wie in anderen Genres auch versuchte man im Möbelbau des Art déco, möglichst viele unterschiedliche, gerne exotische Materialien zu einem „modern" wirkenden Ganzen zu verbinden; das Spektrum reichte von Haifischhaut bis zu Sperrholz. Die Hölzer aus den Kolonien waren ebenfalls sehr beliebt.

Leonetto Cappiello & André Groult

"Salon aux perroquets": armchair

« Salon aux perroquets » : fauteuil

„Salon aux perroquets": Sessel

"Salon aux perroquets": sillón

"Salon aux perroquets": poltrona

"Salon aux perroquets": stoel

Beechwood/Bois de hêtre

Muebles

Los muebles son pequeñas obras de arquitectura, y los muebles del Art déco muestran el grado de diversidad de este apasionante período. A veces son masivos, a veces delicados. Todos ellos sin embargo capturan la atención con sus formas a menudo curvas y aerodinámicas, manteniendo siempre su funcionalidad. A primera vista es casi imposible distinguir piezas cuidadosamente hechas a mano de piezas producidas en fábrica, lo que es sin duda testimonio de la alta calidad del diseño y de los métodos de producción. Para el desarrollo y ejecución de diseños en Europa se había contado con la colaboración de muchos talleres y gremios. Ahora cada vez más se contaba con la producción con máquinas. Como en otras disciplinas, también en los muebles del Art déco se intentaron aunar diversos materiales, con predilección por los exóticos, en un producto final de aspecto "moderno"; el espectro va desde piel de tiburón a madera contrachapada. Las maderas de las colonias también eran muy apreciadas.

Mobili

I mobili sono come piccole opere architettoniche, e quelli dell'Art déco dimostrano la grande varietà di quest'epoca emozionante. Da una parte occupano molto spazio, ma dall'altra sono più graziosi. Attirano sempre l'attenzione con le loro forme spesso arcuate o affusolate, pur restando sempre funzionali. I sofisticati pezzi di arredamento prodotti a mano a prima vista si differenziano a malapena da quelli della produzione industriale. Questo prova senza dubbio l'alta qualità del design e dei metodi di produzione. Per lo sviluppo e la realizzazione delle idee del design si collaborò in molti laboratori e associazioni in Europa. Ora si punta in maniera crescente su oggetti esclusivi della produzione con macchinari. Come in altri generi, anche per produrre i mobili dell'Art déco si cercò di unire il più possibile materiali diversi ed esotici ad un insieme dall'effetto "moderno"; la gamma andava dalla pelle di pescecane al legno compensato. Anche i legni provenienti dalle colonie erano molto amati.

Meubels

Meubels zijn als kleine bouwwerken, en in de meubels van de art deco wordt het hele artistieke scala van deze veelbewogen periode getoond. Deze vaak stevige maar ook sierlijke meubels trekken de aandacht met hun vloeiende of gestroomlijnde vormen, ook al blijven ze altijd functioneel. Bewerkelijke, met de hand gemaakte meubels onderscheiden zich op het eerste gezicht nauwelijks van industrieel vervaardigde meubels, wat ongetwijfeld getuigt van de hoge kwaliteit van de ontwerpen en productiemethoden. Bij de ontwikkeling en uitvoering van designideeën was in Europa eerder uitgebreid samengewerkt in werkplaatsen en coöperaties. Nu werden ook exclusieve meubels steeds vaker industrieel geproduceerd. Zoals in andere disciplines probeerde men in het meubelontwerp van de art deco verschillende en het liefst exotische materialen tot een "modern" geheel te smeden, van haaienhuid tot triplex. Ook houtsoorten uit de koloniën waren zeer geliefd.

Jacques-Émile Ruhlmann
Sofa *Ducharnebronz*
1925, Rosewood/Bois de rose

Jacques-Émile Ruhlmann
Divan *Spirales*
1920–22, Walnut wood/Bois de noyer

Jacques-Émile Ruhlmann

Bed *Cabanel*
Lit *Cabanel*
Bett *Cabanel*
Cama *Cabanel*
Letto *Cabanel*
Bed *Cabanel*

1918–22, Macassar ebony/Ébène de Macassar

Paul Iribe (1883–1935)

Armchair
Fauteuil
Lehnsessel
Butaca
Poltrona
Leunstoel

c. 1913, Rosewood, silk/Bois de rose, soie

Jacques-Émile Ruhlmann
Pair of armchairs *Ducharne*
Paire de fauteuils *Ducharne*
Sesselpaar *Ducharne*
Pareja de sillones *Ducharne*
Coppia di poltrone *Ducharne*
Twee stoelen *Ducharne*
1926

Jacques-Émile Ruhlmann

Cathedral armchair *Doucet*

Fauteuil *Doucet*

Sessel *Doucet*

Sillon *Doucet*

Poltrona *Doucet*

Stoel *Doucet*

1913, Macassar ebony/Ébène de Macassar

Pierre Chareau (1883–1950)

Armchair

Fauteuil

Sessel

Sillón

Poltrona

Stoel

Ebony and leather/Ébène et cuir, Musée des Arts décoratifs, Paris

Giacomo Cometti (1863–1938)

Chair
Chaise
Stuhl
Silla
Sedia
Stoel

c. 1920, Oak wood/Bois de chêne

Chair
Chaise
Stuhl
Silla
Sedia
Stoel

1930–35, Wood and velvet/Bois et velours

Jacques-Émile Ruhlmann

Chair and armchair

Chaise et chaise avec accoudoirs

Stuhl und Stuhl mit Armlehnen

Silla y silla con reposabrazos

Sedia e poltrona

Stoel en stoel met armleuningen

1928–30, Macassar ebony/Ébène de Macassar

English School

Golf Presentation Chair
Chaise avec
éléments de golf
Stuhl mit Golfelementen
Silla con elementos de golf
Sedia con elementi da golf
Stoel met versieringen
uit de golfsport
Wood/Bois

Georges de Feure (1868–1943)

Chairs

Fauteuil

Sessel

Sillón

Poltrona

Stoel

Wood/Bois

Peter Behrens (1868–1940)

Desk

Bureau

Schreibtisch

Escritorio

Scrivania

Schrijftafel

1908, Birchwood/Bois de bouleau

Giacomo Cometti
Table with two armchairs
Table avec deux chaises
Tisch mit zwei Stühlen
Mesa con dos sillas
Tavolo con due sedie
Tafel met twee stoelen
1906, Wood/Bois

Giacomo Cometti
Dressing table
Coiffeuse
Toilettentisch
Mesa de aseo
Toeletta
Toilettafel
1920–24, Wood/Bois

Jacques-Émile Ruhlmann
Dressing table *Morel*
Coiffeuse *Morel*
Toilettentisch *Morel*
Mesa de aseo *Morel*
Toeletta *Morel*
Toilettafel *Morel*
1921–22, Macassar ebony/Ébène de Macassar

Jean Dunand
Dressing table
Coiffeuse
Toilettentisch
Mesa de aseo
Toeletta
Toilettafel
1925–30, Wood/Bois

Jacques-Émile Ruhlmann

Dressing table *Hôtel du Collectionneur*

Coiffeuse *Hôtel du Collectionneur*

Toilettentisch *Hôtel du Collectionneur*

Mesa de aseo *Hôtel du Collectionneur*

Toeletta *Hôtel du Collectionneur*

Toilettafel *Hôtel du Collectionneur*

Purpleheart/Amarante

Jacques-Émile Ruhlmann

Dressing table with columns

Coiffeuse à colonnes

Toilettentisch mit Säulen

Mesa de aseo con columnas

Toeletta con colonne

Toilettafel met zuilen

Macassar ebony/Ébène de Macassar

Jean Dunand
Table
Table
Tisch
Mesa
Tavolo
Tafel
Wood/Bois

*Clément Mère
(1861–1940)*
Table
Table
Tisch
Mesa
Tavolo
Tafel
Macassar ebony, leather, ivory/Ébène de Macassar, cuir, ivoire

Jacques-Émile Ruhlmann
Table
Table
Tisch
Mesa
Tavolo
Tafel
c. 1930–32, Macassar ebony/Ébène de Macassar, Brighton Museum & Art Gallery, Brighton

Jacques-Émile Ruhlmann & Jean Dunand

Table
Table
Tisch
Mesa
Tavolo
Tafel

Wood, eggshell/Bois, coquille d'œuf

ATELIER B

Jacques-Émile Ruhlmann

Table *Bloch*
Table *Bloch*
Tisch *Bloch*
Mesa *Bloch*
Tavolo *Bloch*
Tafel *Bloch*

c. 1930, Macassar ebony/Ébène de Macassar

Round coffee table
Table basse ronde
Runder Wohnzimmertisch
Mesa de salón redonda
Tavolo da salotto rotondo
Ronde woonkamertafel
c. 1930, Mahogany/Acajou

Extendable table
Table à rallonges
Ausziehtisch
Mesa extensible
Tavolo estensibile
Uittrektafel
Walnut wood, rosewood/Bois de noyer, bois de rose

ATELIER A
Jacques-Émile Ruhlmann
Guéridon table *Ducharne*
Petite table *Ducharne*
Kleiner Tisch *Ducharne*
Pequeña mesa *Ducharne*
Tavolino *Ducharne*
Tafeltje *Ducharne*
1930, Macassar ebony/Ébène de Macassar

ATELIER A
Jacques-Émile Ruhlmann
Dining room table *Vuillerme*
Table à manger *Vuillerme*
Esstisch *Vuillerme*
Mesa de comedor *Vuillerme*
Tavolo da pranzo *Vuillerme*
Eettafel *Vuillerme*
1930, Macassar ebony/Ébène de Macassar

Two-tier tea table
Table à thé à deux niveaux
Teetisch mit zwei Ebenen
Mesa de té con dos superficies
Tavolino da tè a due piani
Theetafeltje met twee niveaus
1925, Wood/Bois

Nest of four tables
Jeu de quatre tables
Satz von vier Tischen
Serie de cuatro mesas
Set di quattro tavoli
Set van vier stoelen
c. 1920, Wood/Bois

Two-tier guéridon
Guéridon à deux niveaux
Beistelltisch mit zwei Ebenen
Mesilla con dos superficies
Tavolino a due piani
Bijzettafeltje met twee niveaus
1925, Zebrawood, rosewood/
Zingana, bois de rose

Jean Dunand

Nest of three tables
Jeu de trois tables
Satz von drei Tischen
Serie de tres mesas
Set di tre tavoli
Set van drie stoelen

Wood/Bois

DOMINIQUE

Gueridon table
Desserte
Beistelltisch
Mesilla
Tavolino d'appoggio
Bijzettafeltje

c. 1925, Wood, lacquer, gold/Bois, laque, or

Ships table
Table de navire
Schiffstisch
Mesa de barco
Tavolo di una nave
Scheepstafeltje

c. 1935, Steel, wood/Acier, bois

Guéridon table
Desserte
Beistelltisch
Mesilla
Tavolino d'appoggio
Bijzettafeltje

c. 1930, Steel, wood, silver, mirror/Acier, bois, argent, miroir

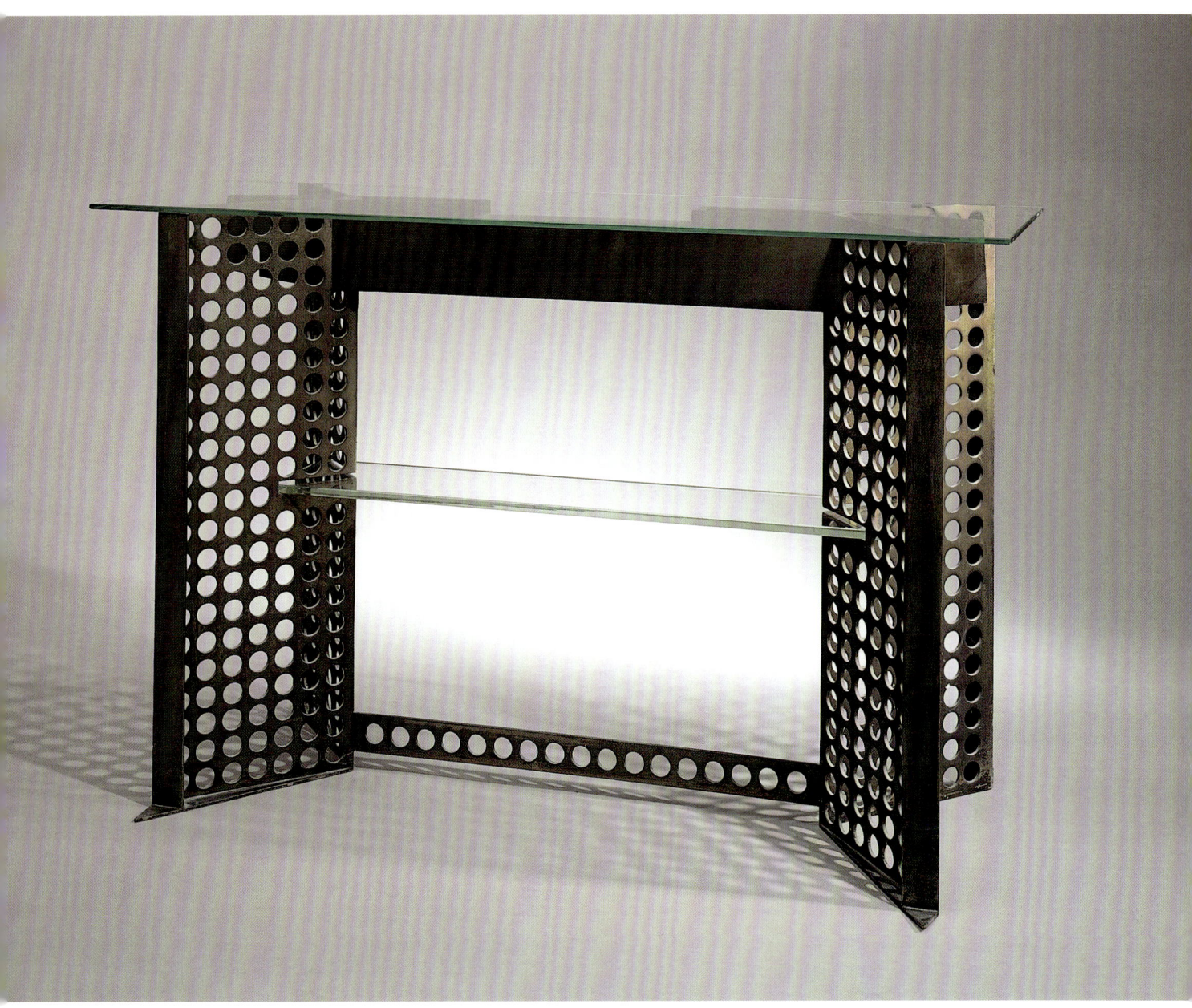

Pierre-Émile Legrain (1889–1929)

Table

Table

Tisch

Mesa

Tavolo

Tafel

Steel, glass/Acier, verre

Jacques-Émile Ruhlmann

Ladies writing desk

Bureau de dame

Damenschreibtisch

Escritorio de mujer

Scrivania da donna

Schrijftafeltje voor dames

Macassar ebony/ Ébène de Macassar

Jacques-Émile Ruhlmann

Writing desk *Hôtel du Collectionner*

Bureau *Hôtel du Collectionner*

Schreibtisch *Hôtel du Collectionner*

Escritorio *Hôtel du Collectionner*

Scrivania *Hôtel du Collectionner*

Schrijftafel *Hôtel du Collectionner*

1925, Rosewood/ Bois de rose

Jacques-Émile Ruhlmann
Roll-top secretary
Secrétaire à couvercle
Rollsekretär
Secreter con persiana
Secrétaire a rullo
Rolluikbureau
1928, Walnut and oak/Bois de noyer et de chêne

Jacques-Émile Ruhlmann
Dressing table
Coiffeuse
Toilettentisch
Mueble de aseo
Toeletta
Toilettafel
Kingwood/Bois de violette, Musée des Arts décoratifs, Paris

Jacques-Émile Ruhlmann

Drop leaf desk

Secrétaire

Sekretär

Secreter

Secrétaire

Secretaire

Macassar ebony, leather, ivory/
Ébène de Macassar, cuir, ivoire

RUHLMANN & LAURENT

Secretary

Secrétaire

Sekretär

Secreter

Secrétaire

Secretaire

1930, Wood, ivory/Bois, ivoire

Round display cabinet
Vitrine ronde
Runde Vitrine
Vitrina redonda
Vetrinetta rotonda
Ronde vitrinekast
c. 1925, Walnut wood/Bois de noyer

Mechanical etagere
Étagère mécanique
Mechanische Etagère
Estante mecánico
Etagère meccanica
Mechanische étagère
White oak/Chêne blanc

Giacomo Cometti

Entrance hall cabinet
Cabinet pour un hall d'entrée
Schrank für eine Eingangshalle
Armario para vestíbulo
Armadio per un'entrata
Kast voor ingangshal

c. 1920, Oak/Chêne

ATELIER B
Jacques-Émile Ruhlmann
Display cabinet
Vitrine
Vitrine
Vitrina
Vetrinetta
Vitrinekast
Macassar Ebony/Ébène de Macassar

Jacques-Émile Ruhlmann

Chiffonier
Chiffonnier
Chiffonier
Chifonier
Chiffonier
Chiffonier

Amboyne, ivory/Amboine, ivoire

Jacques-Émile Ruhlmann

Cabinet
Cabinet
Kabinett
Gabinete
Armadietto
Kabinet

Jacques-Émile Ruhlmann

Chiffonier *Cabanel*
Chiffonnier *Cabanel*
Chiffonier *Cabanel*
Chifonier *Cabanel*
Chiffonier *Cabanel*
Chiffonier *Cabanel*

1921–22, Macassar ebony, mahogany, ivory/Ébène de Macassar, acajou, ivoire, 133,5 × 75,5 × 39,5 cm

Jacques-Émile Ruhlmann

Cabinet

Vide-poche

Kommode

Cómoda

Comò

Commode

c. 1921–22, Macassar ebony, ivory, mahogany/Ébène de Macassar, ivoire, acajou, 101 cm

Paul Iribe

Chest of drawers

Commode

Kommode

Cómoda

Comò

Commode

Mahogany, shagreen/Acajou, chagrin, Musée des Arts décoratifs, Paris

Cabinet with front
and side doors

Cabinet avec portes
avant et latérales

Kabinett mit Front-
und Seitentüren

Gabinete con puertas
frontales y laterales

Armadietto con sportelli
frontali e laterali

Kabinet met voor-
en zijdeurtjes

Wood/Bois

Jean Goulden (1878–1946)

Cabinet

Commode à vantaux

Kommode

Cómoda

Cassettone

Commode

1922, Lacquered wood/Bois laqué

Jacques-Émile Ruhlmann

Sideboard *La Desserte* a.k.a. *Chariot Cabinet*

La Desserte dite *Meuble au char*

Anrichte *La Desserte*, genannt *Streitwagenmöbel*

Aparador *La Desserte*, llamado *Mueble con carro de combate*

Credenza *La Desserte*, detto *Mobile con biga*

Buffet *La Desserte*, genoemd *Strijdwagenmeubel*

1922, Macassar ebony, amaranth, ivory/Ébène de Macassar, amarante, ivoire, 109 × 225 cm

ATELIER A

Jacques-Émile Ruhlmann

Commode *Ranon*
Commode *Ranon*
Kommode *Ranon*
Cómoda *Ranon*
Cassettone *Ranon*
Commode *Ranon*

1926, Walnut wood/Bois de noyer

Sideboard with carvings depicting four seasons
Buffet avec relief sculpté des quatre saisons
Anrichte mit Schnitzreliefs der vier Jahreszeiten
Aparador con relieves tallados de las cuatro estaciones
Credenza con incisioni delle quattro stagioni
Buffet met houtsnijreliëfs van de vier jaargetijden

Ash/Bois de frêne

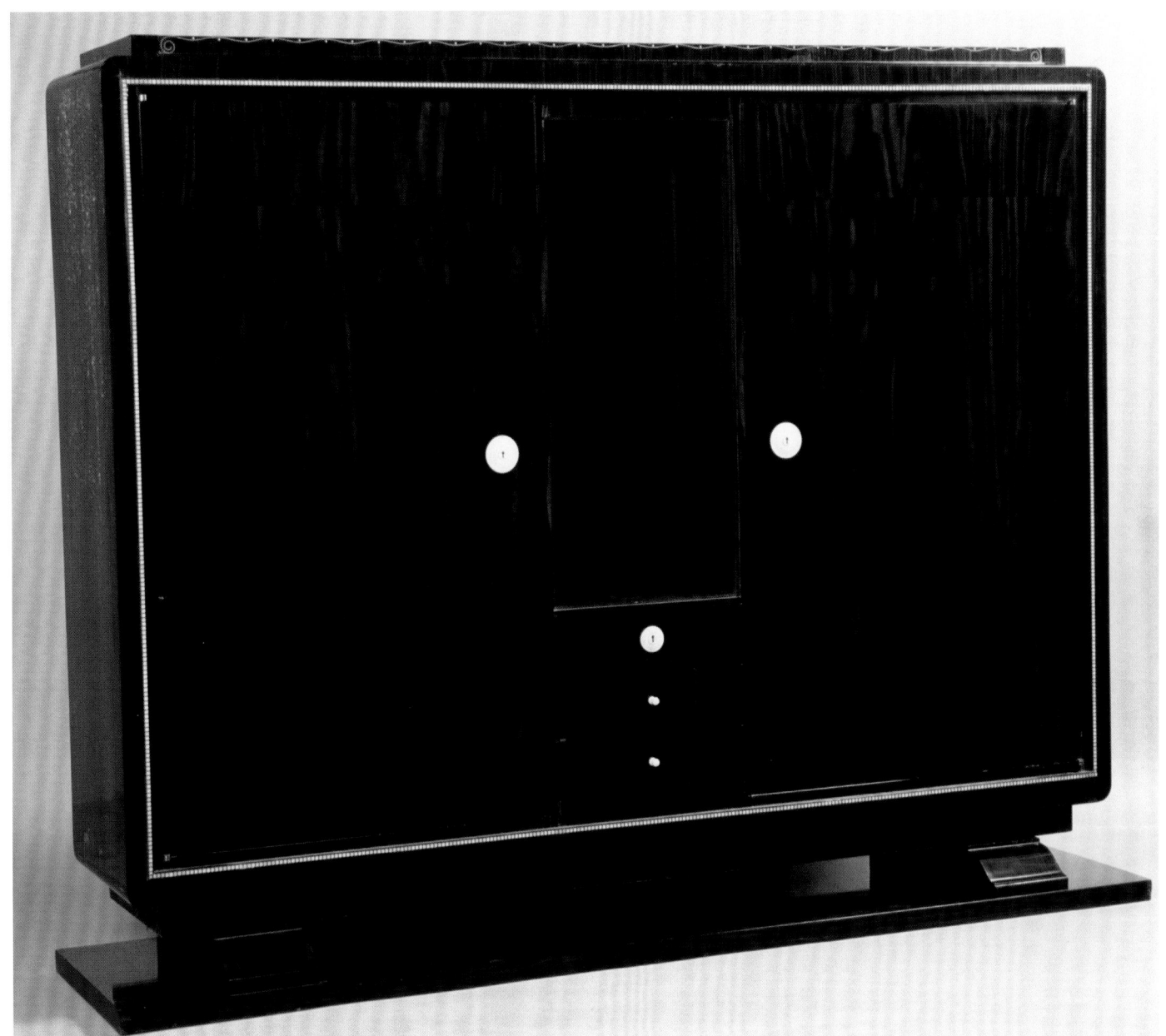

Jacques-Émile Ruhlmann

Bookcase *Bibo Normand*
Bibliothèque *Bibo Normand*
Bücherschrank *Bibo Normand*
Librería *Bibo Normand*
Libreria *Bibo Normand*
Boekenkast *Bibo Normand*

1922, Macassar ebony, ivory/Ébène de Macassar, ivoire

Collector's cabinet
Cabinet de curiosités
Sammlungsschrank
Armario de coleccionista
Armadio per collezioni
Verzamelaarskabinet

c. 1910, Mahogany/Acajou

ATELIER B
Jacques-Émile Ruhlmann
Stelcavgo Mini bar and bookcase
Minibar et bibliothèque *Stelcavgo*
Getränkekabinett und Bücherregal *Stelcavgo*
Armarito de bebidas y librería *Stelcavgo*
Minibar e libreria *Stelcavgo*
Drankenkabinet en boekenkast *Stelcavgo*
1927/28, Rosewood/ Bois de rose

DOMINIQUE

Jean Élisée Auguste Tabouret-Puiforcat (1897–1945)

| Sideboard | Sideboard | Buffet |
| Buffet | Aparador | Buffet |

Rosewood, silver/Bois de rose, argent

Jacques-Émile Ruhlmann

| Sideboard | Sideboard | Buffet |
| Buffet | Aparador | Buffet |

c. 1925, Amboyne, gilt bronze/Amboine, bronze doré

Architecture

Architecture

Architektur

Arquitectura

Architettura

Architectuur

Hijman Louis de Jong
(1882–1944)

Movie theater
Theater Tuschinski

Cinéma Theater
Tuschinski

Filmtheater Theater
Tuschinski

Cine Theater
Tuschinski

Cinema Theater
Tuschinski

Bioscoop
Theater
Tuschinski

1921,
Amsterdam

*Jean-Baptiste Mathon
(1893–1971)*
École spéciale des travaux publics, du bâtiment et de l'industrie
1934–36, Paris

Architecture

Typical for the architecture of Art Deco is a stepped geometric facade, symmetrically arranged windows, a cubist-style flat relief and unadorned side wings. These architectural forms were especially popular in the USA. Thus, a stay in Miami still offers the opportunity to see more than 400 houses in the Art Deco style. Despite the economic crisis of the time, entire quarters were built in the so-called "Tropical Deco". In the case of the skyscrapers, the design attention was concentrated upon the lower storeys, which could be viewed from the street, but otherwise they are often quite unadorned. Soon, architects took over the design of the interior furnishings in order to create a total work of art. Here, countless forms and approaches flooded in, resulting in Art Deco architecture's "wild mixture". Last but not least, fascinating Art Deco buildings were created for the then much-admired world exhibitions and art exhibitions, in which the latest trends were presented in purpose-built structures.

Architecture

Une façade géométriquement étagée – avec ses fenêtres disposées symétriquement, un bas relief de style cubiste et ses panneaux latéraux sobres – est particulièrement caractéristique de l'Art déco. Ces formes architecturales étaient extrêmement populaires aux États-Unis. Ainsi, un séjour à Miami est, encore aujourd'hui, l'occasion de voir plus de 400 maisons de style Art déco. Malgré la crise économique, des quartiers entiers dans le fameux style *Tropical Deco* y ont été construits. En ce qui concerne les gratte-ciels, une attention particulière était accordée aux étages les plus bas, ceux visibles depuis la rue, les autres étant souvent sans aucune fioriture. Puis les architectes prirent en charge la conception des intérieurs, créant ainsi une œuvre d'art totale. D'innombrables formes et approches les influencèrent. Le « mélange sauvage » en architecture est également typique de l'Art déco. De plus, de très intéressants bâtiments Art déco ont été construits pour les expositions universelles, alors très populaires, les expositions d'art, où étaient exposées les dernières tendances et qui se tenaient dans des bâtiments souvent bâtis à leur seule intention.

Architektur

Typisch für die Architektur des Art déco sind eine stufenförmig-geometrische Fassade, symmetrisch angeordnete Fenster, ein kubistisch-stilisiertes Flachrelief sowie schmucklose Seitenflügel. Besonders populär waren diese Architekturformen in den USA. So bietet ein Aufenthalt im Miami noch heute die Gelegenheit, sich mehr als 400 Häuser im Stil des Art déco anzusehen. Ungeachtet der Wirtschaftskrise errichtete man hier ganze Viertel im sogenannten *Tropical Deco*. Bei den Wolkenkratzern galt die gestalterische Aufmerksamkeit den von der Straße aus zu betrachtenden unteren Stockwerken, ansonsten sind sie oft recht schmucklos. Bald übernahmen Architekten die Gestaltung der Inneneinrichtung, sodass ein Gesamtkunstwerk entstand. Hier flossen immer unzählige Formen und Vorgehensweisen ein: Für den Art déco typisch ist also auch in der Architektur eine „wilde Mischung". Nicht zuletzt entstanden interessante Art-déco-Bauten für die damals viel beachteten Weltausstellungen und Kunstschauen – Leistungsschauen, auf denen in oft eigens für sie errichteten Gebäuden die aktuellsten Trends präsentiert wurden.

Palais de la découverte

1937, Exposition internationale, Paris

Parfumerie Coryse Salomé

1937, Exposition internationale, Paris

Arquitectura

En la arquitectura del Art déco es típica la fachada de formas geométricas escalonadas, ventanas ordenadas de forma simétrica, bajorelieves de estilo cubista y partes laterales sin decoración. Estas formas arquitectónicas eran muy populares, especialmente en EEUU. Una estancia en Miami hoy en día, por ejemplo, ofrece la posibilidad de ver más de 400 casas en estilo Art déco. A pesar de la crisis económica, aquí se construyeron barrios enteros en el estilo denominado *Tropical Deco*. En los rascacielos la atención al detalle se concentraba en los pisos más bajos, el resto a menudo no están decorados en absoluto. Los arquitectos rápidamente se ocuparon también del diseño de interiores, de manera que se creaba una obra de arte total. En estas confluían infinidad de formas y procedimientos: en la arquitectura del Art déco es típica la "mezcla salvaje". Por último también surgieron interesantes construcciones Art déco para las entonces muy celebradas exposiciones universales y muestras de arte, en las que se presentaban las tendencias más actuales en edificios a menudo construidos para la ocasión.

Architettura

Tipiche dell'architettura Art déco sono le facciate geometriche a gradoni, le finestre disposte simmetricamente, un bassorilievo stilizzato di stile cubista e le ali disadorne. Queste forme architettoniche erano particolarmente popolari negli Stati Uniti. Così ancora oggi un soggiorno a Miami offre la possibilità di vedere più di 400 case in stile Art déco. Malgrado la crisi economica qui furono costruiti interi quartieri nel cosiddetto *Tropical Deco*. Per i grattacieli valeva l'attenzione creativa dei piani inferiori che si possono vedere dalla strada, che inoltre sono spesso abbastanza disadorni. Presto gli architetti ripresero il design dell'arredamento interno, così che nacque l'opera d'arte totale. Qui affluivano sempre innumerevoli forme e modi di procedere: per l'Art déco è tipica nell'architettura anche una "miscela selvatica". Non da ultimo nacquero interessanti edifici in stile Art déco per le esposizioni mondiali e mostre d'arte e dell'industria all'epoca molto seguite, nelle quali venivano presentate le tendenze più attuali in edifici spesso realizzati appositamente.

Architectuur

Kenmerkend voor de art-deco-architectuur zijn getrapt-geometrische façades, symmetrisch gerangschikte vensters, bas-reliëfs in kubistische stijl en ornamentloze zijvleugels, Deze architectonische motieven waren vooral in de VS zeer populair. Zo biedt een verblijf in Miami ook vandaag nog de gelegenheid om meer dan vierhonderd huizen in art-decostijl te bewonderen. In weerwil van de Depressie verrezen hier hele stadswijken in de zogenaamde *Tropical Deco*-stijl. Bij de wolkenkrabbers was de toegepaste vormgeving vooral op de onderste etages geconcentreerd, die vanaf straatniveau bekeken konden worden, terwijl de overige etages weinig decoratie vertoonden. Al snel namen architecten ook het interieurontwerp op zich, zodat een *Gesamtkunstwerk* ontstond. Hierbij werden talrijke vormen en technieken gecombineerd: kenmerkend voor de art deco is dus ook hier een wilde mix. Interessante art-decogebouwen werden voor de destijds zeer geliefde Wereld- en kunstnijverheidsexposities opgericht, waarbij de nieuwste trends vaak in speciaal gebouwde paviljoen werden gepresenteerd.

WULFLEFF & VERREY
Movie theater Pereire Palace
Cinéma Pereire Palace
Filmtheater Pereire Palace
Cine Pereire Palace
Cinema Pereire Palace
Bioscoop Pereire Palace
c. 1935, Paris

COLLINS, COLLINS & PORRI

Carreras Cigarette Factory

1926–28, London

Raymond Mathewson Hood (1881–1934), Stanley Gordon Jeeves (1888–1964)

Ideal House

1929, London

Auguste Marie Joseph Bluysen (1868–1952)

Palmarium

1911–36, Parc thermal, Vittel

ELLIS & CLARK

Daily Express Building

1932, London

Antonín Pfeiffer (1879–1938), Matěj Blecha (1861–1919)

Palác Koruna

1911–12, Praha

Victor Horta (1861–1947), Michel Polak (1885–1948)

Galeries Anspach department store
Magasin Galeries Anspach
Kaufhaus Galeries Anspach
Almacenes Galeries Anspach
Grande magazzino Galeries Anspach
Warenhuis Anspachgalerij

1903/1927, Bruxelles

José Marques da Silva (1869–1947)

Casa de Serralves

1925–44, Porto

HOFFMAN & HENON

Teatro Bolívar

1933, Quito

FERNÁNDEZ, RODRÍGUEZ
Y MENÉNDEZ

Edificio Bacardí
1930, La Habana

Art Deco in America

In the United States, during the period between the world wars the decorative was very popular, with the inspiration coming from Europe being enthusiastically received and then transformed into the typical, playfully-light American Art Deco. Exhibitions with Art Deco objects toured particularly in the USA, where they often incorporated the themes, forms and motifs of pre-Columbian and Indian cultures, along with those of the growing world of machines. In particular, skyscrapers were seen as symbols of progress, created in stone and steel, an American phenomenon without compare. The population of these years flowed into the big cities, where a lack of space encouraged vertical growth. The "Skyscraper Boom" and Art Deco left its mark on large areas of American architecture and American design in the 1930s. The 102-storey Empire State Building in New York is still the quintessence of a skyscraper and was, until 1972, the tallest building in the world. Its interiors were designed in the style of Art Deco and recall Paris, for example, in the use of indirect lighting. The building is richly decorated in its prominent places, but in other areas, for example those which cannot be seen from the street, it remains quite unadorned.

L'Art Déco en Amérique

Aux États-Unis, la décoration était très populaire pendant la période de l'entre-deux-guerres ; l'inspiration européenne fut reçue avec enthousiasme et transformée en un Art déco ludique, léger et typiquement américain. Des expositions d'objets Art déco firent le tour des États-Unis. Des thèmes, des formes et des motifs de cultures précolombiennes et autochtones d'Amérique, ainsi que du monde émergent des machines furent, là aussi, utilisés. Les gratte-ciels en particulier sont des croyances matérialisées sous forme de pierre et donc un phénomène américain par excellence. La population de ces années-là augmenta dans les grandes villes, où l'on construisait à la verticale, essentiellement par manque d'espace au sol. Le « Boum des Gratte-ciels » et l'Art déco influencèrent une grande partie de l'architecture et du design américains des années 1930. Les 102 étages de l'Empire State Building à New York sont, encore aujourd'hui, la quintessence du gratte-ciel (il fut jusqu'en 1972 le plus haut bâtiment du monde). Ses intérieurs, conçus dans le style Art déco, font référence à Paris, ne serait-ce qu'en matière d'éclairage indirect. Le bâtiment est richement décoré par endroits, mais d'autres, par exemple ceux qui ne sont pas visibles de la rue, sont plutôt sobres.

Art déco in Amerika

In den USA war in der Zeit zwischen den Weltkriegen das Dekorative sehr beliebt; die Inspirationen aus Europa wurden begeistert aufgenommen und wandelten sich zum typischen, verspielt-leichten amerikanischen Art déco. Ausstellungen mit Objekten des Art déco tourten vor allem in den USA. Auch verwendete man dort Themen, Formen und Motive präkolumbianischer und indianischer Kulturen sowie aus der erstarkenden Welt der Maschinen. Insbesondere Wolkenkratzer, mit ihrem Gerüst aus Stahl und Stein, sind ein Symbol für den Fortschrittsglaube und damit ein amerikanisches Phänomen schlechthin. Die Bevölkerung dieser Jahre strömte in die großen Städte, wo man vor allem aus Platzmangel in der Vertikalen baute. Der „Skyscraper Boom" und das Art déco prägten große Teile der amerikanischen Architektur und des amerikanischen Designs der 1930er-Jahre. Das 102-stöckige Empire State Building in New York ist noch immer der Inbegriff eines Wolkenkratzers (und war bis 1972 das höchste Gebäude der Welt). Seine Innenräume wurden im Stil des Art déco gestaltet und zitieren Paris, etwa in der indirekten Beleuchtung. Das Gebäude ist an hervorgehobenen Stellen reich verziert, an anderen Stellen, die beispielsweise nicht von der Straße einsehbar sind, jedoch recht schmucklos.

El art déco en América

Durante el período de entreguerras en los EEUU se apreciaba mucho lo decorativo: la inspiración proveniente de Europa se aceptó con entusiasmo y se transformó en el típico Art déco americano, ligero y juguetón. Exposiciones con objetos del Art déco se presentaron por todo EEUU. Allí se utilizaron temas, formas y motivos de las culturas indígenas y precolombinas, así como otros sacados del pujante mundo de las máquinas. En especial los rascacielos son la personificación de la fe en el progreso, y por ello un fenómeno americano por excelencia. La población de este período se mudó de manera masiva a las grandes ciudades, que construyeron por falta de espacio en la vertical. El boom de los rascacielos y el Art déco definen una gran parte del diseño y arquitectura estadounidenses de los años 1930. El Empire State Building (102 pisos) de Nueva York sigue siendo la quintaesencia de los rascacielos (y hasta 1972 el edificio más alto del mundo). Su interior se diseñó en estilo Art déco y citando a París, por ejemplo con su iluminación indirecta. El edificio está profusamente decorado en zonas destacadas, pero en partes que no son visibles desde la calle es de una acusada sobriedad.

L'Art déco in America

Negli Stati Uniti nel periodo tra le due guerre mondiali il decorativo fu molto amato, le ispirazioni dall'Europa furono riprese con entusiasmo e si trasformarono in Art déco tipicamente americano e giocoso. Le mostre che esponevano oggetti Art déco giravano soprattutto negli Stati Uniti. Si utilizzarono anche temi, forme e motivi di culture pre-colombiane e indiane, oltre al crescente mondo dei macchinari. In particolare i grattacieli erano pietre della fede nel progresso e quindi un fenomeno americano per eccellenza. La popolazione di questi anni si riversò nelle grandi città, dove si costruiva soprattutto in verticale per mancanza di posto. Il boom dei grattacieli e l'Art déco caratterizzano gran parte dell'architettura e del design americano degli anni Trenta. L'Empire State Building di New York con i suoi 102 piani è ancora oggi la quintessenza di un grattacielo (e fino al 1972 era l'edificio più alto del mondo). I suoi spazi interni furono progettati in stile Art déco e citano Parigi, ad esempio nell'illuminazione indiretta. L'edificio è riccamente decorato nei punti messi in risalto; in altri punti, che ad esempio non sono visibili dalla strada, rimane però piuttosto disadorno.

Art deco in Amerika

In de tijd tussen de beide Wereldoorlogen genoot het decoratieve in de VS een grote voorkeur; inspiraties uit Europa werden enthousiast overgenomen en getransformeerd tot een typisch Amerikaanse, speelse art deco. Tentoonstellingen van art-deco-objecten deden het vooral goed in de VS. Ook werden er motieven en vormen uit precolumbiaanse en indiaanse culturen en de wereld van de machine gebruikt. Wolkenkrabbers werden een puur Amerikaans fenomeen en stonden voor een vooruitgangsgeloof dat in staal en steen was uitgedrukt. De bevolking trok in deze jaren naar de grote steden, waar men vooral door het gebrek aan ruimte verticaal begon te bouwen. De *skyscraper boom* en de art deco drukten hun stempel op de Amerikaanse architectuur en het Amerikaanse design van de jaren dertig van de vorige eeuw. Het 102 verdiepingen tellende Empire State Building in New York is nog altijd het schoolvoorbeeld van de wolkenkrabber (en was tot 1972 het hoogste gebouw ter wereld). De interieurs van het gebouw werden in art-decostijl ingericht en verwezen naar Parijs, bijvoorbeeld in de indirecte verlichting. Het gebouw is op representatieve plaatsen rijk gedecoreerd, maar ornamentloos op plekken die vanaf straatniveau niet zijn te zien.

Empire State Building, Entrance Lobby
Empire State Building : hall d'entrée
Empire State Building, Eingangshalle
Empire State Building, vestíbulo
Empire State Building , entrata
Empire State Building, lobby

William Frederick Lamb (1883–1952)
Empire State Building
1930–31, New York City

Henry Hohauser
(1895–1963)
Restaurant
1939, Miami Beach

Igor B. Polevitzky
(1911–1978)
Albion Hotel
1939, Miami Beach

Anton Skislewics
Breakwater Hotel
1936, Miami Beach

Henry Hohauser
Essex House
1938, Miami Beach

MARR & HOLMAN

Frist Center, originally the U.S. Post Office
Frist Center, à l'origine la poste central
Frist Center, ursprünglich das Hauptpostamt
Frist Center, la antigua central de correos
Frist Center, l'ex posta centrale
Frist Center, het voormalige hoofdpostkantoor

1933–34, Nashville

William Van Alen (1883–1954)

Chrysler Building

1928–30, New York

GRAHAM, ANDERSON, PROBST & WHITE
Merchandise Mart
1928–30, Chicago

*Charles Willard Moore
(1925–1993)*
Civic Center
1982–90, Beverly Hills

Transportation

Les moyens de transport

Transportmittel

Los medios de transporte

I mezzi di trasporto

Vervoermiddel

Hans Ledwinka (1878–1967)
Tatra T87
1937–50, Minneapolis Institute of Arts, Minneapolis

Two streamlined locomotives, near Washington, D.C.
Deux locomotives simplifiées, près de Washington
Zwei Stromlinienlokomotiven bei Washington
Dos locomotoras aerodinámicas, cerca de Washington
Due locomotive semplificate, vicino a Washington
Twee gestroomlijnde locomotieven, nabij Washington
c. 1935

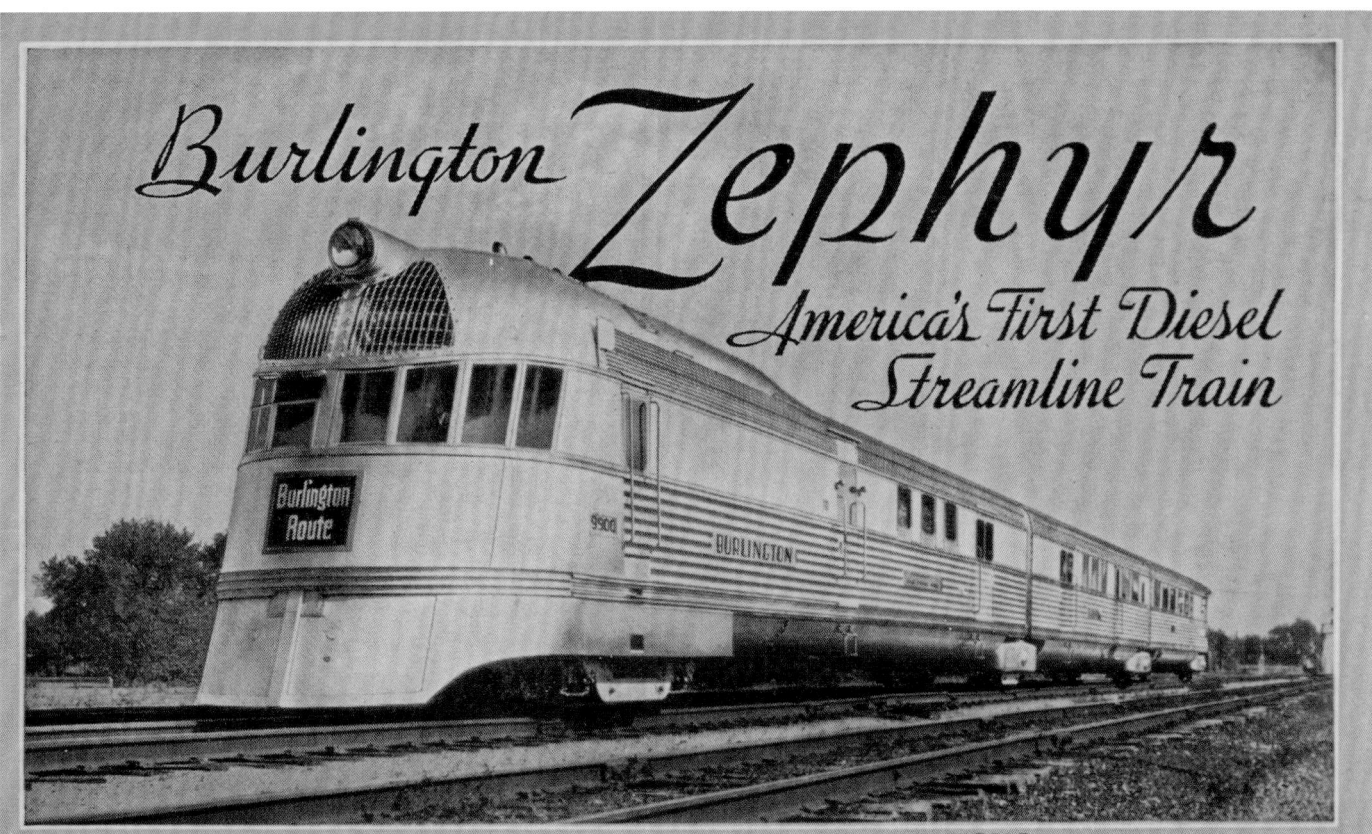

THE BUDD COMPANY
The Burlington Zephyr
1947, Postcard/Carte postale

*Henry Dreyfuss
(1904–1972)*

New York Central
Mercury Train

1936

THE BUDD COMPANY
The Canadian Train
Train *Le Canadien*
1955

*William Bushnell Stout
(1880–1956)*

Streamliner of the Union
Pacific Corporation

Train simplifiée de l'Union
Pacific Corporation

Stromlinienzug der Union
Pacific Corporation

Tren aerodinámico de la
Union Pacific Corporation

Treno aerodinamico della
Union Pacific Corporation

Gestroomlijnde trein
van de Union Pacific
Corporation

1937

PUGET SOUND NAVIGATION COMPANY

Streamlined ferryboat *MV Kalakala*
Ferry-boat simplifiée *MV Kalakala*
Stromlinienförmiges Fährschiff *MV Kalakala*
Transbordador aerodinámico *MV Kalakala*
Traghetto aerodinamico *MV Kalakala*
Gestroomlijnde veerboot *MV Kalakala*

1937

Réne Ravo (1904–1998)

Advertisement for the Delahaye *135 Sport*
Annonce pour la Delahaye *135 Sport*
Anzeige für den Delahaye *135 Sport*
Publicidad para el Delahaye *135 Sport*
Annuncio per la Delahaye *135 Sport*
Advertentie voor de Delahaye *135 Sport*
1937, Litho/Lithographie

FIGONI & FALASCHI

Delahaye *135M*

1949

Bibliography   Bibliographie   Bibliografía   Bibliografia   Bibliografie

Catharina Berents, *Art déco in Deutschland. Das moderne Ornament.* Anabas-Verlag, Frankfurt a. M. 1998

Ursula Daus, *Sehnsucht nach der Moderne. Tropisches Art Deco 1925–1950.* Babylon Metropolis Studies, Berlin 2004

Ralph Ströhle, *Faszination Art Deco.* Klinkhardt & Biermann, München 1993

Charlotte Benton, Tim Benton, Ghislaine Wood, *Art deco 1910–1939.* Bulfinch Press, Boston 2003

Kendall H. Brown, Takanami Machiko, *Deco Japan. Shaping art & culture, 1920–1945.* Art Services International, Alexandria, Va. 2012

Pepin van Roojen, *Art déco.* The Pepin Press/Agile Rabbit Editions, Amsterdam 2009